교사, 교육과정, 교과서

교사, 교육과정, 교과서

발행일 2024년 1월 22일

지은이　　| 이경진 · 이하늬
발행인　　| 한향희
발행처　　| 도서출판 빨강머리앤
출판등록　| 제25100-2005-28호
주소　　　| 대구광역시 달서구 문화회관길 165, 대구출판산업지원센터 503호
전화　　　| (053) 257-6754
팩스　　　| (053) 257-6754
이메일　　| sjsj6754@naver.com
디자인　　| 한향희

＊이 책은 저작권법에 따라 보호받는 저작물이므로 무단복제를 금합니다.
＊이 책 내용의 전부 또는 일부를 이용하려면 반드시 저작권자와 빨강머리 앤의
　서면 동의를 받아야 합니다.

교사, 교육과정, 교과서

이경진 · 이하늬 지음

머리말

　교육과정을 일상적으로 접하는 사람들이 교사임에도 교육과정 및 교과서 연구개발을 포함한 교육과정 정책의 전반적인 과정에서 교사가 배제된다는 우려가 교사 배제 교육과정(teacher-proof curriculum)이라는 용어로 나타나고 있습니다. 교사 배제 교육과정은 교사를 교육과정 개발에서 배제하고 학교 밖 학자나 관료, 전문가에 의해 어느 교사가 사용해도 같은 결과를 얻도록 만든 교육과정을 의미합니다. 이는 교사들의 서로 다른 능력으로 인해 학생들에 대한 교육 효과가 달라지면 안 된다는 이유에서 발생하였습니다(priestley & drew, 2016).

　그러나 교사가 배제된 상태에서 대학이나 위원회 중심의 교육과정 개발은 교육과정이 적용될 구체적인 상황과 유리될 수 있다는 점과 교사는 주어진 교육과정을 실행에 옮기기만 하는 기술자에 불과하게 된다는 문제점도 아울러 가지고 있습니다. 또한 교사가 교육과정을 중요하게 생각하지 않게 되는 교육과정 사소화 현상이 발생합니다.

　이러한 우려때문에 우리나라 교육과정 정책은 제도적으로 교육과정 개발의 단계마다 교사를 대상으로 한 설문조사와 자문을 통해 현장의 의견을 수렴하고자 노력하고 있으며, 실제로 교사들이 교육과정 및 교과서 개발에 참여하고 있습니다. 이러한 노력들이 비록 제한적이기는 하지만, 분명히 존재한다는 점에서 우리나라의 교육과정을 단순히 교사 배제 교육과정이라고 하기는 어렵다고 할 수 있습니다.

실제로 교육과정 개발은 국가 교육과정 및 지역 교육과정, 교과서 개발 등의 여러 층위에서 이루어지고 있으며, 이에 대한 교사들의 참여 기회가 열려 있습니다. 이러한 참여를 통해 교사들은 교육행정가와 교육연구가들에게 현장의 경험을 전달하고 거시적으로 교육을 바꾸어 나갈 기회를 얻게 됩니다. 그러나 정보의 부족으로 인하여 이러한 참여의 기회를 모르는 교사들이 다수라고 생각됩니다.

이러한 이유로 이 책은 교사들의 교육과정 개발 참여를 독려하기 위해 교육과정 개발의 시야와 안목을 넓히고, 여러 실제적인 기회들을 안내하고자 합니다. 최근 들어 교사의 교육과정 개발이 교실 교육과정이라는 이름으로 장려되고 있습니다. 교실은 교육 내용이 실제적이고 직접적으로 실천되고 있다는 점에서 그 어느 곳보다 중요한 공간이기는 하지만, 한편으로는 교실 교육과정이란 이름으로 교사의 시야를 교실 안으로만 국한되게 만드는 것은 아닌지에 대한 우려도 듭니다.

교육과정학자인 죠셉 슈왑(Joseph Schwab)은 교육과정에 의해 영향을 받는 사람들이 주체가 된 가운데 교육과정 개발이 이루어져야 한다고 하였습니다. 교사는 교육과정에 의해 영향을 받는 이들이기에 교사의 교육과정 개발은 교육과정 개발의 모든 수준과 단계를 포괄해야 한다고 생각합니다. 따라서 이 책은 교사의 교육과정 개발을 교실 수준에서만 국한하지 않고, 지역 수준, 국가 수준의 교육과정 개발까지 포괄하고자 합니다.

제1장에서는 교육과정의 개념과 의미를 살펴보고, 교육과정 개발에 대한 기본 이해를 다질 수 있도록 하였습니다.

제2장에서는 우리나라 교육과정 개발의 수준, 과정, 절차에 대해 전반적으로 개관하였습니다.

제3장에서는 교사의 교육과정 개발 참여 방식에 대하여 살펴보았습니다.

제4장에서는 교과서 의미와 교과서 제도를 살펴보고 교과서 개발에 대한 기본 이해를 다질 수 있도록 하였습니다.

제5장에서는 우리나라 교과서 개발 과정과 절차에 대해 전반적으로 개관하였습니다.

제6장에서는 교과서 개발·활용·수정 및 보완 각 과정별 교사의 참여 방식에 대하여 살펴보았습니다.

이 책을 통해 향후 더 많은 교사들이 현장의 경험을 제도적으로 반영하는데 참여할 수 있는 기회를 가질 수 있기를 바랍니다.

2024년 1월

이경진·이하늬

차 례

제1부 교육과정

제1장_ 교육과정 이해하기 10

1. 교육과정의 의미 11
2. 교육과정의 구분 10
3. 교육과정 이론 13
4. 우리나라의 교육과정 19
5. 교육과정의 법적 근거 24
6. 2022 개정 교육과정 26

제2장_ 교육과정 개발 알아보기 33

1. 교육과정 개발의 의미 33
2. 교육과정 개발모형 35
3. 교육과정 개발의 수준 43
4. 우리나라 교육과정 개발 절차 48
5. 2022 교육과정 개발 구조와 절차 52

제3장_ 교육과정 개발 참여하기 56

제2부 교과서

제4장_ 교과서 이해하기 62

　1. 교과서의 의미 62

　2. 교과서의 변천 63

　3. 교과서 제도 71

　4. 교과서의 법적 근거 76

　5. 2022 개정 교육과정에 따른 교과서 83

제5장_ 교과서 개발 알아보기 91

　1. 국정도서 개발 절차 92

　2. 검정도서 개발 절차 96

　3. 인정도서 개발 절차 101

제6장_ 교과서 개발·활용·수정 참여하기 112

　1. 교과서 개발·심의 참여 112

　2. 교과서 선정 참여 120

　3. 교과서 수정·보완 참여 123

제1부

—

교육과정

제1장 교육과정 이해하기

1. 교육과정의 의미

　교육과정은 '커리큘럼(curriculum)'의 번역어로 '달려야 할 길'이라는 의미의 라틴어 '쿠레레(currere)'에서 유래되었다. 교육과정은 교육활동을 통해 구현하고자 하는 의도와 목적에 적합한 교육내용을 선정하여 이를 방법적 원리에 따라 조직해 놓은 것이다. 공교육에서는 교육활동을 통해 개인의 잠재력을 실현하기 위한 다양하고 차별적인 내용과 함께 사회를 유지·존속하기 위한 공통적인 내용을 동시에 제공할 필요가 있다(박창언, 2017). 따라서 교육과정은 학생에게 교육할 '무엇(what)'에 관한 것이라고 할 수 있다.

> **교육과정 관련 용어**
>
> ▶ **교육내용**: 선정되거나 조직되지 않은 상태로 존재하는 가르칠 내용을 의미합니다.
>
> ▶ **교육과정**: 교육활동을 통해 구현하고자 하는 목적에 부합하는 교육내용을 선정하고, 이를 방법적 원리에 따라 조직해 놓은 것입니다.

▶ 교과 : 각급 학교 교육과정에서 수업과 학습을 위한 활동 영역의 단위를 가리키는 말입니다. 교과는 「초·중등 교육법」제23조 4항에서 대통령령으로 정해지며, 「초·중등 교육법시행령」제43조를 통해 초·중등학교 및 특수학교의 교과를 제시하고 있습니다.

▶ 교과서 : 교육과정을 구현하기 위한 자료이며, "교과용도서"라 함은 교과서 및 지도서를 말한다.

"교과서"라 함은 학교에서 학생들의 교육을 위하여 사용되는 학생용의 서책·음반·영상 및 전자저작물 등을 말한다.

"지도서"라 함은 학교에서 학생들의 교육을 위하여 사용되는 교사용의 서책·음반·영상 및 전자저작물 등을 말한다. 「초·중등 교육법」제29조 제2항에서는 교과용 도서라는 용어로 표현되고 있으며, 학교에서는 국가가 저작권을 가지고 있거나 교육부장관이 검정하거나 인정한 교과용 도서를 사용하도록 하고 있습니다.

2. 교육과정의 구분

1) 공식적 교육과정 (formal curriculum)

가시적 또는 표면적 교육과정이라고 하며, 초·중등학교에서 직접 가르쳐지는 교육과정을 의미한다. 국가와 지역 수준의 교육과정뿐만 아니라 이에 기초해 학교에서 편성·운영되어 교육 현장에서 교사의 의도에 따라 실제 적용되고 있는 교육과정을 의미한다.

2) 잠재적 교육과정(latent curriculum)

종래의 교육과정 개념에는 나타나지 않았다가 1970년대 이후부터 나타난 개념이다. 이 교육과정은 학생들의 태도나 가치관, 신념의 영역인 정의적 측면에 영향을 주로 주기 때문에 교사의 인격적 감화나 학교의 문화풍토를 중요시한다. 이 교육과정은 장기적이고 반복적으로 배우게 되므로, 학습 결과가 항구적이다. 학교에서는 의도하고 계획한 적이 없으나, 학생이 학교의 물리적 조건이나 지도, 행정 조직, 사회 심리적인 상황을 통하여 학교생활 안에서 은연중에 갖게 되는 경험을 의미한다. 이 교육과정은 교육의 긍정적 측면과 부정적 측면에 모두 영향을 주고 있으며 학교의 계획과 갈등을 일으키기도 한다. 숨은 교육과정(hidden curriculum), 구조화되지 않은 교육과정(unstructured curriculum), 계획되지 않은 교육과정(unplanned curriculum), 비공식적 교육과정(unofficial curriculum), 내현적 교육과정(covert curriculum), 내적 교육과정(internal curriculum), 조직되지 않은 교육과정(unorganized curriculum), 기대되지 않은 교육과정(unexpected curriculum), 비형식적 교육과정(informal curriculum) 등으로 부르기도 한다(서울대학교 교육연구소, 1995).

3) 영 교육과정(null curriculum)

교육학자 아이즈너(Eisner)의 저서 《교육적 상상력》(1979)에서 처음 도입한 교육과정 개념이다. 영 교육과정은 공식적 교육과정에 포함되어 있지만 교사의 의도적인 배제, 실수로 인한 누락 등의 이유로 가르치지 않거나 배울 가치가 있음에도 공식적 교육과정에서 배제되어 가르치지 못한 교육내용을 포괄한다. 즉, 배울 가치가 있음에도 불구하고 공식적 교육과정과 수업에서 배제된 지식, 교과, 사고 양식을 말한다. 교육과정은 선택의 산물이기 때문에 영 교육과정은 공식적 교육과정의 부산물로 볼 수 있다. 교육과정은 교육내용의 선택을 통해 학습의 기회를 제공하지만, 의도적으로 특정 교육내용을 배제하여 학습의 기회를 박탈할 때도 있다. 영 교육과정은 교육과정 개발에서 교육내용의 선택에 대한 중요성을 환기하며, 더 중요한 것이 빠지지 않았는지 확인하게 함으로써 교육목적과 교육내용의 가치를 되묻고 학교 교육의 내용을 풍부하게 하는 점에서 의의가 있다(서울대학교 교육연구소, 1995).

3. 교육과정 이론

교육과정 이론은 교육과정을 구성하고 평가하는 모든 과정을 지배하는 이론적 체계를 의미한다. 이론적 관점에 따라 교육목표와 교육내용은 현저히 다른 모습으로 나타난다. 시대적·사회적 배경에 따라 주류를 이루는 교육과정 이론이 달라지며 질적으로도 발전하지만, 학교 교육의 중심은 교과 또는 학문이 중심이 된다는 이론과 개인의 경험 또는 아동의 흥미가 중심이 된다는 이론이 크게 대립하고 있다. 교육과정 이론은 시대에 따라 몇 가지 요인에 의해 변화해 왔는데, 그 변화 양상은 아래 [그림 1]과 같다.

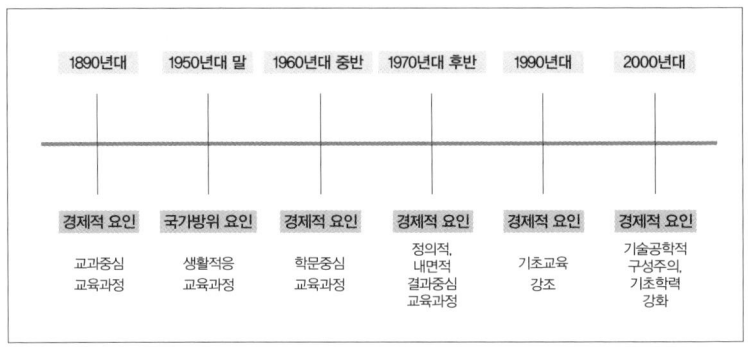

[그림 1] 교육과정 이론의 변화와 요인(박창언, 2017)

1) 교과중심 교육과정(subject-centered curriculum)

교육과정의 중심 내용을 학문 분야의 교과 지식으로 보는 전통적인 교육과정의 형태이다. 이 교육과정은 교육을 정신을 도야하거나 훈련하는 과정으로 보는 정신도야(mental discipline) 이론에 기초를 두고 있으며, 정신도야 이론은 능력심리학(faculty psychology)에 바탕을 두고 있다. 능력심리학은 인간의 정신을 지적, 정서적, 의지적 능력으로 나누어 설명하려는 심리학이다. 교육내용은 이러한 능력을 도야할 수 있는 것으로 이루어져야 하며, 수학 및 고전어는 지적 능력을, 음악은 정서적 능력을, 도덕 및 정치는 의지적 능력 훈련에 효과적인 교과로 본다.

교과는 내용 그 자체보다는 형식 때문에 그 중요성이 인정되며, 반복적 연습과 훈련을 통해 습득되는 것으로 보았다. 교과는 실생활과의 관련보다는 인문학 또는 고전과 관련되어 있다. 교과의 지식은 인류 문화유산으로서 교육의 중심이 되어야 한다는 것이 주장의 기본이다. 서구 중세 시기의 대표적인 교과는 문법·수사학·논리학의 3

학과 산술·기하·천문·음악의 4과에 해당하는 7자유학과(seven liberal arts)이며, 근대 시기에는 자연과학과 사회과학이 중요 교과를 이루었다. 한국의 경우, 조선 시대 사서오경(四書五經)이 교과의 중심을 이루다가 개화기에 자연과학과 사회과학이 교과로서 도입되었다.

이 교육과정은 활동 또는 경험 중심인 1930년대 진보주의 학자들의 이론인 경험중심 교육과정, 1970년대에 주장된 교과의 구조가 중심인 학문중심 교육과정과 함께 3대 교육과정의 형태를 차지하고 있다. 교과중심 교육과정은 객관적 가치가 있다고 생각되는 것에 대한 논리적이고 체계적인 조직, 학습계획과 진도의 표준화와 관리가 쉬운 점, 학생의 지적 성장을 위한 필수적인 내용을 공급한다는 장점을 가지고 있다. 그러나 지식·강의 중심의 교육 방법으로 인한 학생의 흥미 부족, 일상생활의 문제에 대한 경시, 창의력과 같은 고차원적 사고력 함양의 어려움과 같은 단점이 지적된다.

2) 경험중심 교육과정(experience-centered curriculum)

1930년대에서 50년대 말까지 미국에서 영향력을 가졌던 교육과정 이론으로 교과중심 교육과정에 대한 비판으로 대두되었다. 교과중심 교육과정은 교육과정을 학교에서 전통적으로 가르쳐 오던 교과로 정의하지만, 이 이론은 교육과정을 학생이 생활사태를 통해 얻는 교육적 경험으로 정의한다. 교과는 생활의 문제 해결을 위해 도움을 줄 때만 가치를 갖는다고 본다. 따라서 교육과정은 전통적 교과 구분으로 조직되기보다는 생활의 문제 사태를 '중핵(中核)'으로 두고 이와 관련된 교과들을 통합하여 가르치며, 전통적인 교과를 따르는 경우에는 주로 생활의 문제 해결에 도움이 되도록 내용을 선정·조직한다. 경험중심 교육과정은 아동중심 교육과 함께 듀이(J. Dewey)의 교육철학에 기초를 두고 있는 것으로 알려져 있다(서울대학교 교육연구소, 1995). 이 교육과정은 일상생활 내용과 사회문제에 대한 학습, 학생의 흥미 존중, 개인의 능력과 수준에 따른 수업, 비판적 사고력 향상과 같은 장점이 있으나 교과 지식에 대한 소홀로 인하여 학력 저하와 교과 구분을 허물기 어렵다는 문제로 인해 널리 보편화되지 않았다. 특히 학문중심교육과정 이론이 나오면서 쇠퇴하였으나 학생의 경험을 중요하게 여기는 가치는 여전히 살아 있다.

3) 학문중심 교육과정(discipline-centered curriculum)

교과를 구성하고 있는 핵심 사실·개념·이론·법칙과 교과의 탐구 방법을 중심으로 구성하는 교육과정이다. 1957년 소련의 인공위성 스푸트니크호가 역사상 최초로 발사되자 미국에서 과학교육에 대한 비판과 반성을 배경으로 나타났다. 브루너의 《교육의 과정》은 학문중심교육과정의 입장을 체계적으로 드러낸 책이다.

학문중심교육과정은 경험중심 교육과정에 대한 반발에서 출발하였으나, 지식 체계를 '전달'하려는 교과 중심 교육과정과는 달리 교과의 개념 또는 법칙과 관련된 원리와 사고체계를 학생들이 스스로 '발견'하는 것을 중요시한다. 교과 내용으로는 '지식의 구조'에 해당하는 개념과 법칙을 강조하고, 학습 방법으로는 탐구학습(inquiry learning), 발견학습(discovery learning)을 강조하였다.

이 교육과정은 교과에 대한 본질적이고 전체적인 이해, 원리 이해를 통한 장기 기억과 높은 전이, 초급 지식과 고급 지식 사이의 격차 축소, 추상적 사고의 확대와 같은 장점을 두루 갖추고 있다. 단점으로는 교육 내용을 위한 개념·법칙 선정에 대한 어려움이 있고, 학생들의 흥미를 경시하고 내용 이해에 대한 어려움 등이 있다. 브루너는 지식의 구조는 이해 수준에 차이가 있을 뿐, 초등학교에서 대학교까지 어느 단계에서도 교육이 가능하다고 하였다. 이 이론은 60~70년대 전 세계에 영향을 주었으며, 한국에서는 3차 교육과정 개정(1971)에 반영되었다. 최근에는 이해중심교육과정이라는 이름으로 영향을 미치고 있다.

4) 인간중심 교육과정(humanistic curriculum)

학문중심 교육과정이 지식과 학문을 강조함으로써 인간성의 개발을 외면한다는 비판으로 제기된 이론이다. 이 교육과정은 인본주의 심리학과 실존주의 철학에 근거를 두고 있다. 실존주의 철학은 인본주의 심리학과 같이 인간의 선택에 의해 자기 자신을 형성하는 자유의 존재로 본다. 이 이론은 학생들이 자유롭게 선택할 수 있도록 다양한 대안을 제공할 수 있는 교육과정이 되어야 한다고 주장한다. 잠재적 교육과정을 중시하며, 자아실현을 통한 교육의 인간화를 강조한다. 인간주의 교사, 전인의 형성, 개별적 자기 성장, 긍정적 자아 형성의 장점이 있으나, 자유로운 환경이 형성되지 않으면 교육 성과의 보장이 어려운 점, 사회와의 관계를 경시한다는 점이 단점이다.

5) 사회재건중심 교육과정(social reconstructionist curriculum)

1920-30년대 미국에서 발생한 교육과정 이론이다. 기존 사회 질서에 대한 적응이 목적인 교육에 반대하며, 사회 변화를 주도할 수 있는 능력을 키우는 것이 교육과정의 핵심이다. 프레이리(Freire)의 급진적

교육개혁 운동, 셰인(Shane)의 미래 교육학 운동들이 방법적 접근은 다르지만, 새로운 사회 건설을 목적으로 하고 있다는 점에서 이 이론과 맥을 같이하고 있다.

이 입장의 학자들은 기득권을 누리는 소수 그룹으로 인하여 많은 사람이 원하는 이상적인 가치를 추구하기가 어렵다고 본다. 따라서 교육은 시민들이 추구하는 가치가 실현되는 사회를 만들어 가기 위한 의식과 능력을 길러주는 것이어야 한다고 보고 있다. 이러한 입장에서 교육과정은 소수 기득권 세력의 영향을 배제하고 민주적 질서를 만들어 가기 위해서 개인의 성장뿐만 아니라 사회가 합의한 틀 안에서 개인적 만족을 추구하는 방법에 대한 학습과 변화의 가치를 수용하되 민주적 절차에 대한 존중에 중점을 두고 있다. 이러한 특징을 반영하기 위해서 교육과정은 인류의 심각한 문제들을 학생들이 대면하도록 구성한다. 그러한 심각한 문제들은 실험이나 책을 통한 탐구로서만이 아닌 지역의 사람들과 함께 경험할 수 있도록 구성한다.

사회재건중심 교육과정은 이상적 사회 건설에 대한 요구가 강한 곳에서 설득력을 가질 수 있는 교육과정이다. 다만 각 사람마다 이상적 사회에 대한 해석과 관점이 다를 수 있는 현대 사회에서 이상적인 사회상에 대한 합의와 방법적 대안을 어떻게 마련하느냐의 문제가 사회재건 중심 교육과정의 난제이다.(교육학용어사전, 1995).

4. 우리나라의 교육과정

우리나라의 교육과정은 8·15광복 이후 미군정청 학무국에서 교수요목을 제정하여 교과서를 편찬하여 쓰던 교수요목 시대(1946년), 정부수립과 6·25전쟁 이후 미국 진보주의 교육 사조에 의해 신교육이 강조된 1차 교육과정(1955년), 5·16 군사 정변 이후 민족주체성과 경제발전이 강조된 2차 교육과정(1963년), 학문 중심 교육과정에 따라 산업사회에서의 국민 자질 함양과 인간 교육을 강조한 3차 교육과정(1973년), 경제 제일주의로부터 복지사회와 정의 사회의 실현이라는 방향에서 제5공화국 출범과 함께 실시된 4차 교육과정(1981년), 고도 산업화와 국제관계 다원화, 평화통일 등에 대한 대응으로 개정된 5차 교육과정(1987년), 국제 개방과 정보 사회 등의 환경에서 도덕성·공동체 의식·민주성·창의성 등을 위한 6차 교육과정(1992년), 세계화·정보화 시대를 주도하기 위한 자율적이고 창의적인 한국인 육성을 위한 7차 교육과정(1997년), 사회의 급격한 변화에 대응하기 위해 일시적 교육과정 개정 방식에서 수시 개정 방식을 도입한 2007 개정 교육과정(2007년), '국민 공통 기본 교육과정'을 '공통 교육과정'으로 명명하면서 의무교육 기간과 일치하도록 9년으로 축소한 2009 개정 교육과정(2009년), '창의 융합형' 인재 양성을 위한 문·이과 통합과 역량 교육을 강조한 2015 개정 교육과정(2015년), '국민과 함께하는 교육과정 개정'이라는 추진 체계를 도입하고 디지털 시대의 교육 환경 변화에 부합하는 미래형 교수·학습 방법과 평가 체제를 구축한 2022 개정 교육과정(2022년) 등 여러 차례의 개정을 통해 변천해 왔다.

〈표 1〉 우리나라의 교육과정 변천과 내용

시 기	내 용
교수요목	• 미군정청 학무국에서 초·중등학교 임시 교과목 및 주당 교과 시수표 시달 • 민주 시민 양성을 위해 수신과 폐지, 공민과 도입, 일본어 중심의 국어가 우리 말과 글 중심의 국어로 변경, 일본 역사가 우리 국사로 대체된 점이 특징 • 교수요목과 교육과정이 엄밀히 구분되지 않으며, 교수요목은 교과별 가르칠 내용의 주제 또는 제목을 열거한 것임
제1차 교육과정	• 최초의 체계적인 교육과정이며 교육법에 근거하여 '교육과정 시간 배당 기준표'와 '교과 과정'을 고시 • 교육과정의 명칭으로 '교과 과정'이라는 용어를 사용한 점에서 '교과 중심' 교육과정의 특징을 보여줌 • 미국 진보주의 교육의 영향으로 교과서는 '생활 중심'을 지향하였으며, 교육과정 편제에서 교과 외에 특별활동이 최초로 편성되어 전인 교육을 강조함 • 광복 후의 사회적 혼란과 6·25 전쟁으로 인한 도덕적 타락이 현저함에 따라 반공 교육, 도의 교육, 실업 교육 강조
제2차 교육과정	• '교육과정 시간배당 기준령'과 '교과 과정'을 통합하여 일련의 체계를 갖춘 교육과정 공포. '교육과정'이라는 명칭을 최초로 사용 • 생활 중심 교육과정 표방. 교육과정 내용 면에서는 자주성, 생산성, 유용성 강조, 교육과정 조직 면에서는 합리성, 교육과정 운영면에서는 지역성을 강조함으로써 교육과정의 민주적 성격을 뚜렷이 보임 • 학교 급 간의 연계성과 교과 간의 통합성 강조. 국민학교 1, 2학년에서 각 교과의 관련성을 고려하여 종합(통합) 지도가 가능하도록 하고, 특별활동의 시간 배당을 학교의 실정에 맞게 신축성 있는 운영을 할 수 있도록 융통성 부여 • 1969년 부분 개정에서 반공·도덕 생활 강화, 특별활동의 체계화 및 강조, 국어과에서 한글 전용을 위하여 한자 교육을 하지 않음

제3차 교육과정	• 국민교육헌장의 이념과 '학문 중심 교육과정'의 사조에 기반함 • 교육과정 편제에서 '반공·도덕 생활' 삭제, '도덕'과가 교과로 독립, 교과와 특별활동의 이원적 구조로 총 9개 교과 형성 • 중등학교에서는 '도덕', '국사'가 교과로 독립하였으나, 초등학교에서는 종전대로 사회과로 유지하되, 5·6학년에서는 국사 교과서를 별도로 편찬 • 시간 배당 면에서는 교과별·학년별로 연간 최소 시간 단일화(단, 괄호 안에 주당 시간 표시), 수업 시간 단위를 40분 또는 45분으로 배정
제4차 교육과정	• 7·30 교육개혁 조치에 따라 한국교육개발원에서 위탁·개발, 교육과정을 '문서화된 계획'으로 보았고, 한 사조나 이념을 고수하기보다는 종합적이고 복합적인 성격의 미래 지향적 교육과정이라는 인식을 반영함 • 기본 편제는 교과와 특별활동의 두 영역으로 편성하였으며, 교과 교육과정은 도덕, 국어, 사회, 산수, 자연, 체육, 음악, 미술, 실과의 9개 교과로, 특별활동은 어린이회·학생회 활동, 클럽 활동, 학교 행사의 세 영역으로 편성 • 초등학교 1~2학년에서 교과 간의 통합을 시도하여 바른 생활(도덕+국어+사회)과 즐거운 생활(체육+음악+미술), 슬기로운 생활(산수+자연)이라는 통합 교과서를 간행함에 따라 제5차 교육과정에서 통합교과 설정의 출발점이 됨
제5차 교육과정	• 개정 방침은 교육과정 적정화, 내실화, 지역화이며, 개정 중점을 기초 교육 강화(1, 2학년 국어·산수과 독립), 통합교육과정 구성, 정보화 사회 대응 교육 강화(컴퓨터, 경제), 교육과정의 효율성 제고(교육과정 해설서 발간) 등에 두었음 • 초등 1학년의 '우리들은 1학년'을 교과로 독립시켜 70시간을 배당 연간 수업 시간 수가 제4차 교육과정에 비해 증가 • 초등학교의 경우, 교육과정 사상 처음으로 1교과 다중 교과서를 채택해(국어 : 말하기·듣기, 쓰기, 읽기, 산수 : 산수, 산수 익힘책 등) 교과서의 종류와 수가 대폭 증가, 지역별(시·도 단위) 교과서의 첫 개발로 인하여 교육과정의 지역화가 드러남

제6차 교육과정	• '중앙 집권형'에서 '지방 분권형' 교육과정으로 전환하여 시·도 교육청과 학교의 자율·재량 권한을 확대 • 교육과정 결정의 분권화, 교육과정 구조의 다양화, 교육과정 내용의 적정화, 교육과정의 운영 효율화를 개정 중점으로 설정 • 기본 편제는 교과, 특별활동, 학교 재량 시간의 세 영역으로 구성. 1995년 부분 개정으로 국민학교에 영어를 정규 교과로 신설. (3~6학년 주당 평균 2시간 배당)
제7차 교육과정	• 대통령 자문 기구인 교육개혁위원회의 교육 개혁 방안을 토대로 개정 성립. 기본 방향은 21세기 세계화·정보화 시대를 주도할 자율적이고 창의적인 한국인 육성으로 설정 • 초·중·고등학교의 학교 급별 구분을 없애고, 초등 1학년부터 10학년(고등 1학년)까지 10년 동안을 국민 공통 기본 교육 기간으로 설정하였음. 교육 내용의 중복 및 비약을 피하여 기본 교과 중심의 일관성 있는 교육과정 구성. 학생의 필요, 능력·적성·흥미에 대한 개인차를 최대한 고려한 수준별 교육과정 도입. 재량 활동을 신설·확대하여 학생의 자기주도적 학습을 촉진하고 학교의 자율적이고 창의적인 교육과정 편성·운영을 보장
2007 개정 교육과정	• 일시적·전면적 교육과정 개정 방식에서 운영 과정에 제기된 문제점 개선에 중점을 두는 수시 개정 방식 도입 • 수준별 수업의 내실화를 위한 방안 강구 • 제7차 교육과정의 기본적 틀은 유지하되, 교과 내용 개선에 중점을 둠. 개정 중점은 단위 학교별 교육과정 편성·운영의 자율권 확대, 수준별 교육과정을 수준별 수업으로 전환 고등학교 선택 중심 교육과정 개선, 교과별 교과 내용 적정화 주 5일 수업제의 월 2회 실시로 수업 시수 일부 조정
2009 개정 교육과정	• 교육과학기술부가 '국가교육과학기술자문회의 교육과정특별위원회'의 '미래형 교육과정 구상안'을 바탕으로 개정 추진 • 개정 방향은 학기당 이수 교과목 축소를 통한 학습 효율성 제고, 창의적 체험활동(자율, 동아리, 봉사, 진로) 도입을 통한 교과 외 활동 강화, 고등학교 선택 과목의 수준별·영역별 재구조화, 과목(교과군)별 20% 자율 증감 운영을 통한 학교 교육과정 자율권 확대

2009 개정 교육과정	• '국민 공통 기본 교육과정'을 '공통 교육과정'으로 명명하면서 의무교육 기간과 일치하도록 하였고, 교과군·학년군 도입을 통해 집중이수 실시. 재량 활동과 특별활동을 통합하여 창의적 체험활동 신설
2015 개정 교육과정	• '창의 융합형 인재' 양성을 위한 '문·이과 통합' 논의가 주요 개정 계기임 • 개정 교육과정의 비전은 '미래 사회가 요구하는 창의융합형 인재 양성'과 '학습 경험의 질 개선을 통한 행복한 학습의 구현'임 • 개정 방향은 인문·사회·과학기술에 대한 기초 소양 교육 강화, 학생의 '꿈과 끼'를 키울 수 있는 학생 중심 교육과정 개발, 미래 사회가 요구하는 핵심역량 함양이 가능한 교육과정 개발, 학습량 적정화, 교육 내용, 교수·학습, 평가의 일관성 제고, 학교 현장의 요구 반영임 • 지식교육의 문제점을 개선하고 능력을 실질적으로 함양해야 한다는 생각에 근거한 역량 교육 강조. 자기관리 역량, 지식정보 처리 역량, 창의적 사고 역량, 심미적 감성 역량, 의사소통 역량, 공동체 역량 등 6개의 역량이 교육과정에 제시됨

5. 교육과정의 법적 근거

교육과정 관련 법령으로 헌법, 교육기본법, 초·중등교육법, 기타 법령이 있다. 국내 최고법으로서의 헌법에 규정된 교육과 관련한 조항은 헌법 제31조이다. 헌법 제31조 제1항은 '모든 국민은 능력에 따라 균등하게 교육을 받을 권리를 가진다'로 시작한다. 이를 구현하기 위해서 무상의무교육과 교육의 자주성·전문성·정치적 중립성, 대학의 자율성, 평생교육의 진흥, 교육제도에 관한 기본적인 사항을 법률로 정하고 있다. 교육과정과 직접적으로 관련한 조항은 제4항의 교육의 자주성과 제6항의 교육제도의 법률주의가 해당된다.

■ 헌법 제31조

모든 국민이 능력에 따라 균등하게 교육을 받을 권리와 교육의 자주성·전문성·정치적 중립성 등이 보장된다.

■ 교육기본법 제2조

홍익인간(弘益人間)의 이념 아래 모든 국민으로 하여금 인격을 도야(陶冶)하고 자주적 생활능력과 민주시민으로서 필요한 자질을 갖추게 함으로써 인간다운 삶을 영위하게 하고 민주국가의 발전과 인류공영(人類共榮)의 이상을 실현하는 데에 이바지하게 함을 목적으로 한다.

■ 초·중등교육법 제23조

학교는 교육과정을 운영하여야 하며, 국가교육위원회는 제1항에 따른 교육과정의 기준과 내용에 관한 기본적인 사항을 정하며, 교육감은 국가교육위원회가 정한 교육과정의 범위에서 지역의 실정에 맞는 기준과 내용을 정할 수 있다.

〈표 2〉 교육과정 관련 법령

교육과정	관련 법령
국가 수준 교육과정 기준 설정	헌법 제31조 제1항 헌법 제31조 제4항 초·중등교육법 제23조 제2항
국가 수준 교육과정 지역 수준 교육과정 학교 교육과정 편성·운영의 지침 및 법적 기준	교육기본법 제3조, 제4조, 제5조, 제6조 초·중등교육법 제23조 제2항
초등학교 교육 목적 규정	초·중등교육법 제38조
학교 교육과정 편성·운영	초·중등교육법 제23조 제1항
교과	초·중등교육법 제23조 제3항 초·중등교육법시행령 제43조
학사 일정 운영	초·중등교육법 제24조 초·중등교육법시행령 제44조, 제45조
학급 편성	초·중등교육법시행령 제46조
수업 운영 방법	초·중등교육법시행령 제48조
수업시각	초·중등교육법시행령 제49조
중학교 자유 학기 운영	초·중등교육법시행령 제44조, 제48조
교류 학습 및 체험학습의 수업일수 인정	초·중등교육법시행령 제48조 제5항 초·중등교육법시행령 제49조
진급과 졸업	초·중등교육법 제26조 초·중등교육법시행령 제50조
초등학교 수업연한 규정	초·중등교육법 제39조
학습 부진아 등에 대한 교육	초·중등교육법 제28조 초·중등교육법시행령 제54조
교과용 도서	초·중등교육법 제29조 초·중등교육법시행령 제55조
학교운영위원회 구성·운영	초·중등교육법 제31조, 제32조
평가 및 평가 결과 기록	초·중등교육법 제9조, 제25조 초·중등교육법시행령 제12조

6. 2022 개정 교육과정[1]

1) 구성의 중점

- 디지털 전환, 기후·생태환경 변화 등에 따른 미래사회의 불확실성에 능동적으로 대응할 수 있는 능력과 자신의 삶과 학습을 스스로 이끌어가는 주도성 함양
- 학생 개개인의 인격적 성장을 지원하고, 사회 구성원 모두의 행복을 위해 서로 존중하고 배려하며 협력하는 공동체 의식 함양
- 모든 학생이 학습의 기초인 언어·수리·디지털 기초소양을 갖출 수 있도록 하여 학교 교육과 평생 학습 지속
- 학생들이 자신의 진로와 학습을 주도적으로 설계하고, 적절한 시기에 학습할 수 있도록 학습자 맞춤형 교육과정 체제 구축
- 교과 교육에서 깊이 있는 학습을 통해 역량을 함양할 수 있도록 교과 간 연계와 통합, 학생의 삶과 연계된 학습, 학습에 대한 성찰 강화
- 다양한 학생 참여형 수업을 활성화하고, 문제 해결 및 사고의 과정을 중시하는 평가를 통해 학습의 질 개선
- 교육과정 자율화·분권화를 기반으로 학교, 교사, 학부모, 시·도 교육청, 교육부 등 교육 주체 간의 협조 체제 구축을 통해 학습자의 특성과 학교 여건에 적합한 학습 제공

2) 추구하는 인간상

2022 교육과정이 추구하는 인간상은 홍익인간의 이념과 교육 목적을 바탕으로 '자기 주도적인 사람', '창의적인 사람', '교양있는 사람', '더불어 사는 사람'이다.

---

[1] www.ncic.go.kr

- 전인적 성장을 바탕으로 자아정체성을 확립하고 자신의 진로와 삶을 스스로 개척하는 자기 주도적인 사람
- 폭넓은 기초 능력을 바탕으로 진취적 발상과 도전을 통해 새로운 가치를 창출하는 창의적인 사람
- 문화적 소양과 다원적 가치에 대한 이해를 바탕으로 인류 문화를 향유하고 발전시키는 교양있는 사람
- 공동체 의식을 바탕으로 다양성을 이해하고 서로 존중하며 세계와 소통하는 민주시민으로서 배려와 나눔, 협력을 실천하는 더불어 사는 사람

3) 2022 개정 교육과정에서의 핵심역량

교육과정이 추구하는 인간상을 구현하기 위해 교육의 전 과정을 통해 중점적으로 기르고자 하는 핵심역량을 다음과 같이 제시하였다.

- 자아정체성과 자신감을 가지고 자신의 삶과 진로를 스스로 설계하며 이에 필요한 기초능력과 자질을 갖추어 자기주도적으로 살아갈 수 있는 자기관리 역량
- 문제를 합리적으로 해결하기 위하여 다양한 영역의 지식과 정보를 깊이 있게 이해하고 비판적으로 탐구하며 활용할 수 있는 지식정보처리 역량
- 폭넓은 기초 지식을 바탕으로 다양한 전문 분야의 지식, 기술, 경험을 융합적으로 활용하여 새로운 것을 창출하는 창의적 사고 역량
- 인간에 대한 공감적 이해와 문화적 감수성을 바탕으로 삶의 의미와 가치를 성찰하고 향유하는 심미적 감성 역량
- 다른 사람의 관점을 존중하고 경청하는 가운데 자신의 생각과 감정을 효과적으로 표현하며 상호협력적인 관계에서 공동의 목적을 구현하는 협력적 소통 역량
- 지역·국가·세계 공동체의 구성원에게 요구되는 개방적·포용적 가치와 태도로 지속 가능한 인류 공동체 발전에 적극적이고 책임감 있게 참여하는 공동체 역량

4) 2022 개정 교육과정 총론과 각론의 이해

가. 총론의 구성

총론은 초·중등교육법 제23조제2항, 제48조 및 국가교육위원회법 부칙 제4조에 의거하여 고시되며, 초·중등학교의 교육목적을 달성하기 위한 초·중등학교에서 운영하여야 할 학교 교육과정의 공통적이고 일반적인 기준을 국가 수준에서 제시하였다.

Ⅰ. 교육과정 구성의 방향	
1. 교육과정 구성의 중점	교육과정의 변화를 요청하는 주요 배경과 교육과정 구성의 중점 제시
2. 추구하는 인간상과 핵심역량	'추구하는 인간상'은 초중등 교육을 통해 학생들이 갖출 것으로 기대하는 특성을 나타낸 것으로, 교육의 본질과 방향을 제시 '핵심역량'은 추구하는 인간상을 구현하기 위해 학교 교육의 전 과정을 통해 중점적으로 기르고자 하는 능력
3. 학교급별 교육 목표	교육기본법에 제시된 교육 이념, 이를 반영한 추구하는 인간상과 핵심역량을 바탕으로 학교급별로 달성하기를 기대하는 교육 목표를 반영하여 설정
Ⅱ. 학교교육과정 설계와 운영	
1. 설계의 원칙	학교 교육과정을 설계하고 운영할 때 반영해야 할 주요 원칙과 유의사항 및 절차 안내
2. 교수·학습	학습의 일반적 원리에 근거하여 수업을 설계하고 운영할 때 고려해야 할 주요 원칙 제시
3. 평가	학교 교육과정 설계·운영의 맥락에서 평가가 학습자의 성장을 지원하는 데 고려해야 할 원칙과 유의사항 제시

4. 모든 학생을 위한 교육기회의 제공	다양한 특성을 가진 학습자들이 차별을 받지 않고 적합한 교육기회를 갖게 하는 데 필요한 지원 과제 안내
Ⅲ. 학교급별 교육과정 편성·운영의 기준	
1. 기본 사항	모든 학교급에 해당하는 학교 교육과정 편성·운영의 일반적인 기준을 제시
2. 초등학교	초등학교 '편제와 시간(학점) 배당 기준'과 '교육과정 편성·운영 기준' 제시
3. 중학교	중학교 '편제와 시간(학점) 배당 기준'과 '교육과정 편성·운영 기준' 제시
4. 고등학교	고등학교 '편제와 시간(학점) 배당 기준'과 '교육과정 편성·운영 기준' 제시
5. 특수한 학교	초·중등학교에 준하는 학교, 기타 특수한 학교와 초·중등교육법 별도 규정에 의하여 설립된 학교, 초·중등교육법 시행령에 따라 교육과정 운영의 특례를 받는 학교 등에 대한 교육과정 편성·운영 기준을 제시
Ⅳ. 학교 교육과정 지원	
1. 교육과정 질 관리	학교 교육과정의 질 관리와 개선을 위한 지원 사항을 제시
2. 학습자 맞춤교육 강화	다양한 특성을 가진 학습자들의 학습을 지원하는 데 필요한 사항을 제시
3. 학교의 교육 환경 조성	변화하는 교육 환경에 대응하여 학생들의 역량과 소양을 함양하는 데 필요한 지원 사항을 제시

나. 각론의 구성

각론은 초·중등교육법 제23조제2항에 의거하여 고시한 교과 교육과정으로 교육과정 설계의 개요, 1. 성격 및 목표 2. 내용 체계 및 성취기준 3. 교수·학습 및 평가로 구성되었다.

교육과정 설계의 개요
• 교과(목) 교육과정의 설계 방향에 대한 개괄적인 소개 • 교과(목)와 총론의 연계성, 교육과정 구성 요소(영역, 핵심 아이디어, 내용 요소 등) 간의 관계, 교과 역량 등 설명

1. 성격 및 목표	
성격	교과(목) 교육의 필요성 및 역할 설명
목표	교과(목) 학습을 통해 기르고자 하는 능력과 학습의 도달점을 총괄 목표와 세부 목표로 구분하여 제시

2. 내용 체계 및 성취기준	

내용 체계	학습 내용의 범위와 수준을 나타냄
	• **영역** : 교과(목)의 성격에 따라 기반 학문의 하위 영역이나 학습 내용을 구성하는 일차 조직자
	• **핵심 아이디어** : 영역을 아우르면서 해당 영역의 학습을 통해 일반화할 수 있는 내용을 핵심적으로 진술한 것. 해당 영역 학습의 초점을 부여하여 깊이 있는 학습을 가능하게 하는 토대가 됨
	• **내용 요소** : 교과(목)에서 배워야 할 필수 학습 내용
	  * 지식·이해 : 교과(목) 및 학년(군)별로 해당 영역에서 알고 이해해야 할 내용
	  * 과정·기능 : 교과 고유의 사고 및 탐구 과정 또는 기능
	  * 가치·태도 : 교과 활동을 통해 기를 수 있는 고유한 가치와 태도

성취기준	영역별 내용 요소(지식·이해, 과정·기능, 가치·태도)를 학습한 결과 학생이 궁극적으로 할 수 있거나 할 수 있기를 기대하는 도달점 • **성취기준 해설** : 해당 성취기준의 설정 취지, 의미, 학습 의도 등을 설명 • **성취기준 적용 시 고려 사항** : 영역 고유의 성격을 고려하여 특별히 강조하거나 중요하게 다루어야 할 교수·학습 및 평가의 주안점, 총론의 주요 사항과 해당 영역의 학습과의 연계 등 설명
3. 교수·학습 및 평가	
교수·학습	• **교수·학습의 방향** : 교과(목)의 목표를 달성하기 위한 교수·학습의 원칙과 중점 제시 • **교수·학습 방법** : 교수·학습의 방향에 따라 교과(목) 수업에서 활용할 수 있는 교수·학습 방법이나 유의사항 제시
평가	• **평가의 방향** : 교과(목)의 목표를 달성하고 학습을 지원하기 위한 평가의 원칙과 중점 제시 • **평가 방법** : 평가의 방향에 따라 교과(목)의 평가에서 활용할 수 있는 평가 방법이나 유의 사항 제시

5) 교육과정 관련 사이트

교육과정 관련 정보는 국가교육과정정보센터와 에듀넷 티-클리어에서 찾을 수 있다.

▶ 국가교육과정정보센터(www.ncic.go.kr)
교육부와 한국교육과정평가원에서 공동 운영하는 국내외 교육과정 정보 공유 시스템으로 우리나라와 세계 각국의 국가 교육과정, 주 수준의 교육과정, 교육법, 교육정책과 관련된 공식적인 문서 정보를 제공한다.

▶ 에듀넷 티-클리어(www.edunet.net)
교육과정과 교육정책 전반의 정보를 통합하여 제공하고, 협업과 소통을 지원하는 교육정보 통합 지원서비스이다. 사이트 접속 후, '교육정책' 메뉴를 클릭하면 교육과정 관련 정보를 살펴볼 수 있다.

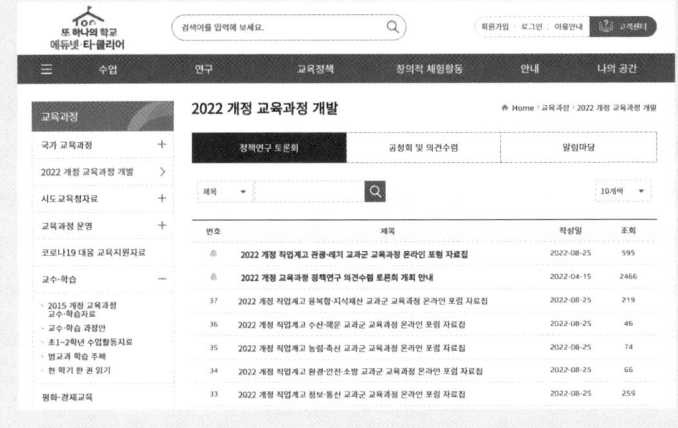

제2장 교육과정 개발 알아보기

1. 교육과정 개발의 의미

교육과정 개발(curriculum development)이라는 용어는 여러 의미를 내포하고 있으며, 교육과정의 계획과 설계를 이루어 가는 과정을 나타내는 의미로 사용된다. 교육과정 개발(curriculum development)은 교육과정 설계(curriculum design)를 포함하는 넓은 개념으로 교육과정 문서를 만들어 내는 작업뿐만 아니라, 교육과정을 구현하기 위한 교육용 자료를 만들어 내는 것까지 포함하는 동태적 개념이다(박창언, 2017 :89). 또한 교육과정의 효과적인 전달을 위해 교육방법이나 교육평가에 대한 계획을 세우는 활동을 의미한다. 교육과정 개발은 각 나라의 역사와 사회적 구조에 따라 다른 형태로 이루어지며, 일반적으로 중앙집권적 개발과 지방분권적 개발로 나뉠 수 있다.

〈표 3〉 교육과정 개발 관련 용어(이경섭 외, 1983)

교육과정 개발 curriculum development	교육과정 설계를 포함하는 광의의 개념으로 교육과정 문서뿐만 아니라 교육과정 구현을 위한 교육용 자료를 만들어내는 일
교육과정 설계 curriculum design	교육과정의 개념과 구성 요소를 만들고 이를 배열하는 일

교육과정 개선, 개정 curriculum improvement curriculum revision	기존의 교육과정을 전제로 한 상태에서 교육과정을 새롭게 만들어내는 일
교육과정 구성 curriculum construction	전통적으로 교수요목을 작성하고 수정하는 일
교육과정 계획 curriculum planning	자료개발의 의미를 뺀 교육과정안을 만들어내는 작업

중앙집권적 교육과정 개발은 무엇을 어떻게 가르치고 평가하느냐에 대한 결정을 국가 조직에 의해서 내려진다. 중앙집권적 교육과정 개발의 장점은 전국의 모든 학교에 공통 교육과정을 제공함으로써 전국의 학교 교육의 수준과 질을 조절할 수 있다는 점이다. 학교급간 교육과정 연계성과 계속성이 보장되며, 풍부한 인적·물적 자원을 기반으로 수준 높은 교육과정이 개발될 수 있다.

중앙집중적 교육과정 개발의 단점은 권위주의적 교육 풍토로 인하여 교육과정 운영이 경직화되거나 획일화되기 쉽다는 점이다. 또한 교육과정 개발 과정에 교사가 배제되기 때문에 교사는 주어진 교육과정을 시행에 옮기기만 하는 기술자에 불과하게 됨에 따라 교사의 전문성 향상이 저해될 수 있다. 학습자·학교·지역의 특수성에 부합되는 다양한 교육과정 운영이 어려울 수 있다.

지방분권적 교육과정 개발은 지역과 학교에서 각 상황에 부응하는 교육과정을 개발하는 것이다. 지방분권적 교육과정 개발의 장점은 급속한 변화에 대응하여 교육과정을 신속하고 유연하게 수정하고 운영할 수 있다는 점과 교사들이 교육과정에 대한 주인의식을 가지고 개발·운영한다는 점이다.

  지방분권적 교육과정 개발의 단점은 중앙집중적 교육과정 개발에 비해 전문가, 시간, 예산, 인식의 부족으로 질 높은 교육과정의 개발이 어렵다는 점이다. 또한 학교급간 교육과정의 연계가 힘들고, 지역·학교·교사 중심에 치우쳐 교육개혁의 전파가 어렵다는 점이다.

  오늘날 대부분의 국가는 양 교육과정 체제가 갖는 결함을 최소화하기 위해 이들의 절충 형태를 취하고 있다.

2. 교육과정 개발모형

  교육과정 개발모형은 다양하게 제시되고 있으며, 전문가에 따라 다양하게 분류하고 있다. 교육과정 개발에서 객관주의와 논리적 합리성을 강조하는 기술·과학적 접근과 주관적·심미적·총체적 이해와 상황에 근거한 융통성을 강조하는 비기술적·비과학적 접근이 있다(장인실 외, 2007). 일반적으로 교과나 지식을 강조하는 이론은 과학적·합리적 개발이 중심이 되고, 학습자를 강조하는 이론은 비기술적·비과학적 개발이 중심이 될 가능성이 높다.

1) 타일러(Tyler) 모형

  1949년 타일러에 의해 출판된 〈Basic Principles of Curriculum and Instruction〉에서 처음 나타난 모형이다. 합리 모형, 목표 모형, 평가 모형이라고 하는 교육과정 개발의 전통적이고 대표적인 모형이다. 20세기 초, 미국에서는 목표, 내용, 방법, 평가의 체제를 갖춘 '과학적인 교육과정'을 개발하는 것에 관심이 높았다. 이 작업은 산업 분야에서 생산성과 효율성을 높이기 위한 경영기법인 테일러주의에 직접적인 영향을 받았다. 또한 전통적 교과 중심 교육과정의 주요 논리와 행동주의 심리학의 연구 성과에도 영향을 받았다. 이 모형은 구체적인 목표를 정하고 학습경험을 선정·조직하고 마지막으로 평가하는 순서로 이루어져 있다.

타일러 교육과정 개발모형의 첫 단계는 교육목표의 설정이다. 목표 추출의 원천은 학습자, 사회, 교과이다. 학습자의 보편적인 필요와 흥미에 기초하며, 사회적 요구를 교육목표에 반영한다. 또한 각 교과가 갖고 있는 교육적 기능을 반영한다. 목표 선택의 준거는 학습 심리와 교육철학의 지식과 원리를 활용한다. 교육목표는 내용과 학습자의 행동을 포함하여 명확하게 진술되어야 한다.

모형의 두 번째 단계는 학습경험의 선정이다. 학습경험은 환경과 학습자의 상호작용 속에서 학생이 능동적인 행동을 통해 경험하는 것이다. 경험은 기회의 원칙, 만족의 원칙, 가능성의 원칙, 다 경험의 원칙, 다 성과의 원칙에 의해 선정된다.

모형의 세 번째 단계는 학습경험의 조직이다. 이는 계속성, 계열성, 통합성의 원리에 의해 조직된다. 계속성은 중요한 경험 요소가 어느 정도 계속해서 반복되도록 하는 것을 의미하며, 계열성은 경험의 수준을 순차적으로 높여서 더욱 깊이 있고 폭넓은 학습경험을 할 수 있도록 하는 것을 의미한다. 통합성은 학습경험을 횡적으로 상호 조화롭게 연결짓는 것을 의미한다.

모형의 네 번째 단계는 평가이다. 평가는 교육과정의 장점과 개선점을 알기 위해 필요하다. 평가 기준은 교육목표이며, 평가를 통해서 교육목표의 달성도를 밝힐 수 있다. 평가의 절차는 교육목표의 확인, 평가 장면의 선정, 평가 도구의 제작이다. 평가 결과는 학생의 변화 정도나 교육 성과를 확인하는 데 활용하며, 교육과정과 학습지도 개선을 위한 자료로 활용된다. 목표-내용-방법-평가의 지속적인 순환 과정을 통해 교육의 질을 개선할 수 있다.

우리나라 교육과정 국가 교육과정 개발에 이 모형을 활용하기도 한다. 교육과정 개발에서 가치를 배제한다는 점에서 가치중립적이라는 비판을 받고 있다.

2) 타바(Taba)모형

타바(Taba)는 타일러의 모형을 발전시켜 귀납적 모형을 구성하였다. 그는 타일러의 교육과정 모형인 교육목표, 학습경험의 선정, 경험의 효과적 조직, 평가의 4가지 개발 단계를 더 정교화하였다. 그는 교육과정을 행동과학적 및 체제 분석적 관점에서도 접근한다. 이 모형의 특색은 교육과정 개발에 교사를 참여시키는 것이다. 그는 교육과정을 수업과 분리하여 생각하는 것이 아니라, 교육과정과 수업을 함께 고려하는 교육과정 개발이 이루어져야 한다고 하였다. 중앙에서 개발하여 위에서 아래로 교사에게 전달하는 방식의 문제점을 지적하고, 교육과정은 실제 교육과정을 활용하는 사람에 의해 개발·설계되어야 한다고 주장하였다. 따라서 교육 현장의 요구를 제대로 반영하기 위해 교사가 교육과정 개발에 적극적으로 참여해야 하며 이를 통해 이론과 실제가 결합한다고 보았다. 타바 모형의 7단계를 그림으로 나타내면 다음과 같다.

① **요구의 진단**
교육과정 대상의 요구 파악

↓

② **목표의 공식화**
교사가 주의해야 할 요구 파악한 뒤, 성취 목표 구체화

↓

③ **내용의 선정**
목표에 따른 교과와 교육과정 내용 선정
목표와 내용의 조화 및 내용의 타당성과 중요성 함께 고려

↓

④ **내용의 조직**
학생의 성취와 흥미를 고려 후 계열화

↓

⑤ **학습경험의 선정**
학생들과 내용의 상호작용 및 교사와 학생이 함께하는 수업방법 선정

↓

⑥ **학습활동의 조직**
학습활동의 계열화와 조직화

↓

⑦ **평가와 평가의 방법**
목표 성취 확인
평가 절차는 학생, 교사에 의해 고려

[그림 2] 타바 모형의 단계

3) 위긴스 · 맥타이(Wiggins & Mactighe) 모형

백워드 설계 모형으로도 불리며, 1990년대 말 교육의 수월성을 강조하던 시기에 제안되었다. 이 모형은 평가 계획이 먼저인 역순의 과

정으로 이루어져 있다. 이 모형은 목표가 모든 교육 활동의 준거라는 타일러의 논리를 따르며, 목표 달성을 위한 평가를 계획하고 마지막으로 학습경험을 선정한다. 이 모형은 성취기준과 지속적인 이해를 강조하였으며, 선 평가 · 후 교육 모형의 특성을 갖는다. 브루너의 지식의 구조를 기반으로 지속적인 이해와 빅아이디어를 중요시하였다.

이 모형은 바라는 결과 확인하기, 수용 가능한 증거 결정하기, 학습경험과 수업 계획하기의 3단계로 나뉜다(김경자 · 온정덕, 2011). 바라는 결과 확인은 목표 설정으로 설명, 해석, 적용, 관점, 공감, 자기지식의 여섯 측면의 지속적 이해와 성취에 있다. 수용 가능한 증거 결정은 평가 계획의 설계 단계이며, 문제 중심, 수행 과제 설계, 이해의 여섯 측면 활용과 본질적 질문 언급으로 이루어진다. 학습경험과 수업 계획은 이해 여부를 확인할 수 있는 증거로 WHERETO의 절차적 원리를 제안한다. WHERETO의 원리는 단원의 방향과 이유, 학습자의 흥미와 관심 유발, 주제 탐구, 아이디어 재고와 반성, 자기 평가, 서로 다른 필요와 능력의 개별화, 진정한 이해를 위한 조직으로 구성된다.

이 모형은 국가나 지역보다는 학교에 초점을 맞추고 있으며, 교육과정보다는 수업 설계에 활용되는 경우가 많다.

4) 워커(Walker) 모형

1970년대 초 등장하였으며, 자연주의 모형 또는 숙의(deliberation) 모형이라고도 한다. 이 모형은 교육과정 개발의 각 단계에서 의사결정이 어떻게 이루어지는지에 대한 실제 모습에 초점을 두었다.

워커의 교육과정 개발모형의 첫 단계는 플랫폼(강령)의 형성이다.

플랫폼은 각기 다른 목적지를 향하는 사람이 공유하는 환경이다. 토론의 기준 또는 합의의 발판이라는 점에서 플랫폼이라는 용어를 사용한다. 교육과정 개발 참여자들은 각자의 가치를 지향하고 있지만 이들의 합의를 도출할 수 있는 공감대를 구축하는 것을 플랫폼이라 할 수 있다. 플랫폼은 이들 간의 상호작용을 통해 새로운 가치를 창출하는 환경이다.

두 번째 단계는 숙의 과정이다. 숙의는 수단과 목적을 위해 필요한 사실 확인, 대안 생성과 여건 고려, 대안의 결과 고려, 대안 비용과 결과의 비중 검토, 대안 선정의 과정을 거친다. 이 과정은 엄격한 절차로 진행된다기보다는 교육과정 개발 전의 비규칙적이고 복잡한 상호작용이 진행된다. 여러 대안 간의 충돌을 제거하고 합의를 도출하기 위한 일종의 대화 과정이라고 할 수 있다.

마지막 단계는 설계(design)이다. 이는 교육과정 개발 과정의 여러 구성 요소에 관한 결정을 내리는 단계이다. 이 단계에서는 교육과정을 구성하는 교과, 교육 방법, 교육자료 등이 만들어진다.

이 모형의 특징은 결과보다는 의사결정의 과정과 절차에 중점을 둔다는 점에서 과정 지향적인 성격을 지닌다. 장점은 교육과정 개발 과정에서 사람들의 의견이 조정되는 과정을 실제로 정확히 진술해주고 있다. 단점은 교육과정 설계 후의 일에 대한 언급이 부족하다는 점과 숙의 시간이 오래 걸릴 수 있다는 점, 대규모 교육과정 개발이 아닌 소규모 교육과정 개발에는 부적합하다는 점이 있다.

5) 아이즈너(Eisner) 모형

이 모형은 예술적 접근 모형이라고도 하며, 행동목표(behavior

objectives) 중심의 교육과정에 대한 비판으로 나온 모형이다. 학생은 학습활동을 통해 목표와 다른 변화가 동시에 일어날 수 있기에 수업 전 행동목표의 진술은 불가능하다고 보았다. 그는 교육목적, 교육목표, 명세목표를 구분한다. 이 중 명세목표는 행동목표가 아닌 학습 중이나 종료 후에 나타나는 표현목표(express objectives)로 제시할 것을 제안하였다.

교육 내용의 선정에서는 타일러와 같이 학습자, 사회, 교과의 세 가지 자원을 고려할 것을 강조하였다. 그러나 교과에 있어서는 전통적으로 배제되었던 '영 교육과정'을 고려하도록 하였다.

아이즈너는 교육과정 개발을 예술가가 상상력을 발휘하듯 교육적 상상력을 발휘하는 과정으로 보았다. 교육적 상상력은 교사가 교육목표와 교육 내용을 학생들에게 적합한 형태로 변형하여 다양하고 의미 있는 학습 기회를 제공하는 것을 의미한다.

이러한 학습 기회는 계단식 모형과 거미집 모형의 방식으로 조직될 수 있다. 계단식 모형은 교육과정을 계열화하여 조직하는 것이며, 거미집 모형에서 교사는 안내자의 역할을 담당하며 학생은 자신의 개성에 따라 교육 목적과 내용을 선택할 수 있다.

아이즈너는 학생들이 배움을 표현하는 방법과 사물을 대하는 양식이 문자와 구두에 의존하기 때문에 제한적이라 비판하였다. 따라서 교육과정 개발자는 학생들이 다양한 인지적 양식을 사용할 수 있도록 염두에 두어야 한다고 하였다.

또한 그는 평가를 교육과정 개발의 마지막 단계에서 실시되는 것이 아니라 교육과정 전 과정에 대해 질적인 평가를 실시해야 한다고 하였다. 이러한 형태의 학생 평가 기술을 '교육적 감식안(educational connoisseurship)'과 '교육비평(educaional criteria)'이라고 한다. 교육비평은 학생들의 수행에서의 미묘한 차이를 미술 작품이나 음식의 맛처럼 일반인들이 알 수 있도록 언어적으로 표현한 것을 의미한다.

6) 스킬벡(Skilbeck) 모형

학교 중심 교육과정 개발 모형(SBCD, School Based Curriculum Development)이라고도 한다. 이 모형은 교사가 주체가 되어 학교, 학생, 학부모의 특성을 고려한 학교 수준의 교육과정을 개발하는 것이다. 이 모형의 특징은 상황분석을 통해 각 학교의 상황에 맞는 교육과정 개발이 가능하다는 점에서 학교 중심적이고 실행 가능성이 큰 현실적인 교육과정 개발이라는 점이다.

모형의 첫 단계는 상황분석이다. 교육과정의 적용 맥락의 분석 결과를 교육과정 개발에 적용하는 예비 단계이다. 이 모형은 학생의 요구와 학교 및 지역의 실정을 반영해야 하므로, 상황분석을 중요시한다. 상황분석은 학교의 외적 요인과 내적 요인을 반영한다. 학교의 외적 요인은 지역사회, 학부모, 국가교육과정, 이데올로기, 사회의 문화변화, 시험제도, 교사 지원 시스템이며, 학교의 내적 요인은 학생의 적성·능력·요구, 교사의 가치관·태도·경험, 학교 풍토 등이다.

다음은 상황분석에 기초하여, 교육 활동의 방향을 설정하고, 교사와 학생의 행동을 강화할 수 있는 목표를 설정한다. 목표설정 이후 프로그램 구성을 한다. 교과별·수업별 교수학습 활동을 설계하고 역할을 분담하는 단계이다. 이후 교육과정에서 생기는 문제점들을 판단하고, 이에 대한 해결을 실행한다. 마지막으로 평가와 모니터링, 피드백 단계이다.

이 모형은 교육과정 개발 절차의 어느 단계에서든지 시작할 수 있으며, 다른 단계들을 동시에 고려하는 것이 가능하다. 절차준수의 부담에서 벗어나므로 교사의 자율성과 전문성 향상이 가능하며 학교 현장의 교육적 상황을 반영하여 유연한 대처가 가능하다는 장점이 있다. 그러나 학생과 학교의 요구에 맞는 교육을 할수록 개방적인 수업이 되어 학생에 대한 객관적인 평가 기준 설정이 어렵다는 점과 개발 과정에서 혼란이 야기될 수 있다는 단점이 있다.

3. 교육과정 개발의 수준

교육과정 개발은 여러 수준에서 이루어지고 있다. 가장 광범위한 수준인 국가 교육과정 문서부터 학교 교육과정 문서에 이르기까지 다양하다고 할 수 있다. 교육과정 개발 수준이 결정되면, 여러 단계를 통해 개발 활동이 이루어진다. 우리나라 교육과정의 개발과 운영은 '초·중등교육법 제23조'에 근거하여 [그림 3]과 같이 국가, 지역, 학교의 세 수준으로 구별한다.

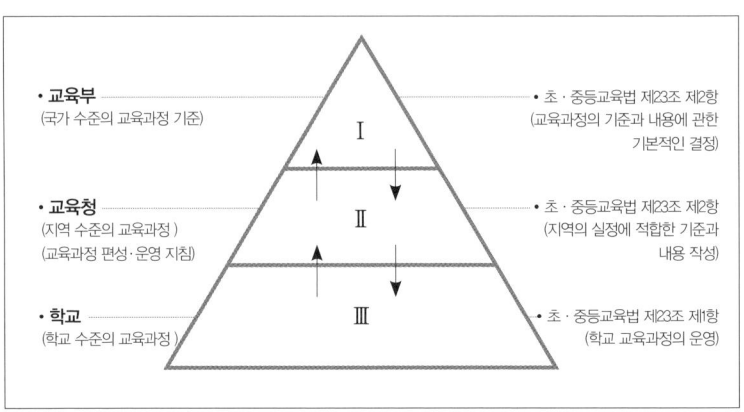

[그림 3] 교육과정 개발의 수준

1) 국가 수준 교육과정

국가 수준 교육과정이란 교육과정의 기준과 내용의 기본 사항에 대한 국가의 의도를 담은 문서라고 할 수 있다. 이는 국가에서 개발·고시한 교육과정으로, 교육과정 지침에 해당하는 총론과 교과교육과정에 해당하는 각론으로 구성되어 있다. 국가 수준의 교육과정은 국가의 시대적·사회적 요구를 충족시키며, 전문인력과 막대한 비용, 장시간의 투자를 통해 만들어진다. 장점은 교육과정의 표준화를 통해 학교 교육의 질 관리가 쉽고 진학과 전학에도 교육과정의 일관성과 연속성을 보장할 수 있다는 점이다. 단점은 국가 수준의 교육과정은 지역이나 학교의 특성을 반영하기 어려우며, 너무 구체적이거나 상세하게 규정되면 지역이나 학교의 자율성과 교사의 전문성을 해친다는 점이다.

지금까지 국가 교육과정 개발은 교육부, 전문연구기관, 교육과정심의회가 핵심 역할을 담당해 왔다. 교육과정 개발 계획 및 집행과 관련한 실무는 교육부 교육과정정책과가 전담해 왔으며, 교육부는 교육과정 개발 정책의 수립에서 집행까지 가장 핵심적 역할을 담당하였다. 교육과정 개발과 관련한 기본 계획을 수립하고 전체적인 일정을 조율함과 동시에 연구기관에 교육과정 개발을 위탁하며, 교육과정 정책의 전문성을 위해 한시적으로 출현하는 특별임시위원회을 구성하기도 한다. 또한 연구 결과를 수정·보완하여 최종적으로 고시하게 되는 역할을 수행하였다. 2022 개정 교육과정(2022. 12. 22. 고시)까지는 교육부가 국가 수준 교육과정의 제정과 고시를 담당하였으나 앞으로는 국가교육위원회가 이를 담당하게 된다.

교육부로부터 위탁받아 개정과 관련한 기초 연구와 교육과정 개정안을 개발하는 것은 전문연구기관에서 이루어져 왔다. 전문연구기관으로는 한국교육과정평가원, 한국과학창의재단, 국립특수교육원 등이 있다. 한국교육과정평가원은 국가 수준 초·중등학교 교육과정 기초 및 정책 연구를 수행하고 있으며, 한국과학창의재단은 특히 수학·과학 교육과정과 교과서를 개발하는 데 주도적인 역할을 담당하고 있다. 국립특수교육원은 초·중등 특수교육과정 개발 및 운영과 관련된 연구를 담당한다.

교육과정심의회의 경우 교육과정 개정에 대한 심의를 담당하는 법정 자문기구이다. 이는 교육과정 개정을 위한 의견수렴의 통로로 활용되기도 하며, 다양한 교육 주체의 참여를 통해 교육과정 개발의 민주성과 전문성을 확보하는 역할을 한다. 「교육과정심의회 규정」에는 교육과정심의회의 역할에 대한 구체적인 내용이 담겨 있다. 교육과정심의회는 교육과정이 개정되는 도중에 중요한 결정을 할 필요가 있거나 최종적으로 개정 교육과정의 안을 확정·고시하기 바로 직전에 개최하고 있다. 교육과정심의회는 운영위원회, 교과별위원회, 학교별위원회로 구성된다. 운영위원회는 전반적인 원칙이나 목적을 조정하고, 교과별위원회나 학교별위원회가 다루지 않는 사항을 심의·조정한다. 교과별위원회는 교과별로 소위원회를 구성하여 교과별 교육과정에 관한 사항을 심의·조사한다. 학교별위원회는 각 학교급별 교육과정 조정에 관한 사항을 심의·조사한다.

교육과정심의회 심의위원은 학계, 교육 현장, 학부모, 경제계 등 다양한 이해관계 당사자가 참여함으로써 교육과정에 대한 정당성을 부여한다. 심의위원은 교원과 교육 전문가, 교육행정가, 사회 각계 인사 및 비영리단체에 소속된 자로서 해당 교과 전공, 교육과정 또는 교과용 도서의 연구·개발에 참여한 경험이나 연구 실적이 있는 자, 연구기관, 학술단체 및 산업체에서 3년 이상의 근무 경력이 있는 연구원, 관련 부처에서 3년 이상의 근무 경력이 있는 팀장급 이상을 추천 대상으로 한다.

2) 지역 수준 교육과정

지역 수준 교육과정 개발은 지역교육청에서 주도적인 역할을 담당한다. 주요 기구는 지역교육청의 교육과정 관련 부서, 교육연구정보원, 교육연수원, 교육과정심의회이다. 지역교육청에서는 국가 수준 교육과정의 기준과 범위 내에서 지역의 특성에 맞는 교육과정 개발 계획을 수립한다. 특히 국가 수준 교육과정에서 획일적으로 제시하기 어렵거나 세밀하게 규제하기 어려운 사항들에 대하여 지역의 특수성과 학교 실정, 학생 실태, 학부모 및 지역사회의 요구, 지역과 학교의 교육 여건 등을 반영하여 적절한 기준과 지침을 제시한다. 또한 지역교육청에서는 각 지역의 교육 중점 등이 포함된 교육과정 편성·운영 지침을 작성하여 학교에 제시한다. 지역 수준의 교육과정 편성·운영 지침은 국가 기준과 학교 교육과정을 자연스럽게 이어 주는 교량적 역할을 하며, 장학 자료, 교수·학습 자료 및 지역 교재 개발을 담당한다. 지역 수준 교육과정의 개발은 지역의 특수성을 반영한다는 점과 지역 교육청의 교육 문제 해결 능력을 키움으로써 관련 전문성을 키울 수 있다는 장점이 있다. 그러나 지역 간 교육격차의 심화와 시간·인력·비용 등의 부족으로 교육과정 개발의 질이 낮을 수 있는 점, 교육과정 개발 비용 중복 등의 단점이 있다.

교육연구정보원은 교육청 직속 연구기관이며, 교육연수원은 교원의 전문성 향상을 위한 연수를 지원한다. 교육과정심의회는 국가교육과정심의회의 규정과 운영 방식이 유사하다. 운영위원회, 학교별위원회, 교과별위원회로 구성되며, 위원회 인원은 위원회별 각 15~20명이다.

3) 학교 수준 교육과정

학교 수준 교육과정은 국가 교육과정 기준과 지역 교육청 지침을 근거로 학부모와 학생들의 특성과 요구를 고려한 각 학교의 교육 실천 계획과 중점 교육 내용과 방법을 담은 문서 내용이다. 학교 수준 교육과정 개발의 주요 기구는 학교교육과정위원회, 학년(교과)협의회, 학교운영위원회이다.

학교교육과정위원회는 교육과정의 기본 방향 설정, 교육과정 시안 작성, 교육과정 평가와 개선을 담당한다. 학년(교과)협의회는 교육과정 운영 실태에 대한 조사와 연구를 담당하며, 교육과정 운영에 대한 집단적 의사소통이 이루어진다. 학교운영위원회는 학교 교육과정의 심의·자문기구이다.

중앙집권적 교육과정 개발 체제에서 학교의 역할은 국가가 제시한 교육과정을 단순히 실행하는 것으로 인식되었다. 그러나 교육과정 결정의 분권화와 자율화가 지속적으로 확대되면서 학교 수준에서 교육 내용과 방법을 결정하는 것이 대단히 중요한 과제가 되었다. 학교에서 교육과정 계획을 수립하고자 할 때 일차적인 근거가 되는 것은 국가 교육과정 기준과 지역 교육청 지침이므로 이 기준과 지침을 자세히 분석함과 동시에 학생 실태와 요구, 교원 조직, 교육 시설·설비 등 학교 실태, 학부모 의견, 지역사회 실정 등과 같은 학교의 교육 여건과 환경 등을 잘 파악할 필요가 있다.

4. 우리나라 교육과정 개발 절차

1) 국가 수준 교육과정

우리나라의 경우 교육과정 시기에 따라 개발 절차의 차이가 있지만, 수시 개정 체제 이후 다음과 같은 개발 절차를 따른다. 교육과정 개발은 개정 방향 및 목표 설정, 문서로 확정·고시되기까지의 결정 과정, 확정·고시된 이후의 후속 지원 작업으로 크게 구분된다. 개발된 교육과정은 현장에 적용하고 평가를 거쳐 차기 교육과정 개발에 참고한다.

교육과정의 개정을 결정하는 과정은 개정·요구 의견수렴, 개정 요구안의 검토, 개정·운영 보완 여부의 결정, 교육과정 개정 결정에 따른 추진으로 구분할 수 있다. 교육과정 개정 요구에 대한 의견수렴은 교과교육연구회나 실태분석, 현장 여론 수렴 등을 토대로 교육부에서 이루어져 왔다. 교육과정심의회에서 국가·사회적 요구와 국가 정책 방향과의 적합성, 현실 적용 가능성 등에 대한 검토가 이루어지며, 이를 토대로 교육부는 교육과정 개정 방향과 범위를 정하여 개정을 추진한다.

이후 전문연구기관이나 학자 및 현장 교원에 의해 정책연구를 수행하게 된다. 이러한 과정을 거쳐 총론의 시안을 연구·개발하면서 현장 적합성 검토를 위해 공청회를 거치게 된다. 총론 개발이 완료되면 각론의 개발에 들어가게 된다. 각론 개발 역시 전문연구기관과 학자 및 현장 교원의 의견을 토대로 정책연구를 수행하게 된다. 총론과 같이 각론 시안에 대해서도 현장 검토 공청회를 거친다. 총론과 각론의 시안을 작성하게 되면 교육과정심의회의 자문을 거쳐 교육과정의 총론과 각론을 확정·고시하게 된다.

[그림 4] 국가 수준 교육과정 개발 절차(박창언, 2020 수정)

2) 지역 수준 교육과정

지역 수준 교육과정 개발 절차도 국가 교육과정 개발과 비슷하게 전개된다. 지역교육청의 교육과정 개발은 교육과정위원회를 구성한 후 지역의 실태 기초조사를 한다. 편성·운영 지침의 시안을 작성하고 이에 대한 검토·심의·확정 후 이를 적용한다. 이후 자료 개발과 보급, 지침에 대한 평가가 이루어진다.

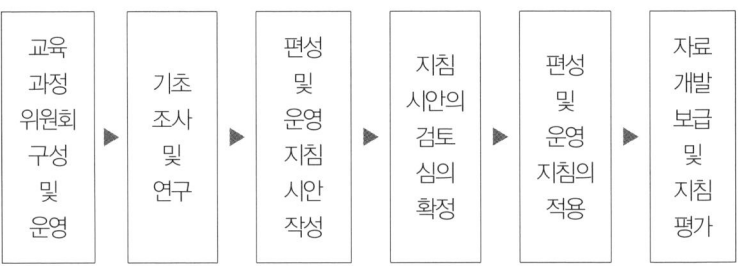

[그림 5] 지역 수준 교육과정 개발 절차(박창언, 2020 수정)

3) 학교 수준 교육과정

학교 수준 교육과정 개발 절차는 학교마다 차이가 있지만 크게 준비, 편성, 운영, 평가의 단계를 거친다. 준비 단계에서는 학교 교육과정위원회와 같은 교육과정 편성을 위한 인적 조직을 구성하고, 이 조직에 의해 요구 조사와 문헌 분석이 이루어진다. 편성 단계에서는 학교 교육과정의 기본 원칙과 방향을 설정하여 교육과정 시안을 작성한다. 작성된 시안은 심의·검토·확정을 거친다. 확정된 학교 교육과정은 교과와 창의적 체험활동, 범교과학습을 통해 구현되며, 구현된 교육과정은 평가를 통해 개선점을 찾아 다음 해 교육과정 편성과 운영에 반영한다.

준비	▶	편성	▶	운영	▶	평가
• 학교 교육과정 위원회 조직·운영 • 기초 실태조사		• 학교 교육과정의 기본 방향 및 원칙 설정 • 학교 교육과정 시안 작성 • 시안 검토·심의·확정		• 교과와 창의적 체험활동, 범교과학습 운영		• 학교 교육과정 평가 • 개선점 추출하여 다음 해 교육과정에 반영

[그림 6] 지역 수준 교육과정 개발 절차(박창언, 2020 수정)

5. 2022 개정 교육과정 개발 구조와 절차

최근 개정된 2022 교육과정은 교육과정 개발에 학생, 학부모, 교원 뿐만 아니라 일반 국민을 대상으로 한 의견수렴을 추진하였다는 특징이 있다. 교육과정 개발 과정에서 국민과 함께하는 미래형 교육과정 개발을 위해 다양한 대상별·주제별 의견수렴을 추진하는 체제([그림 7])를 구축하였다.

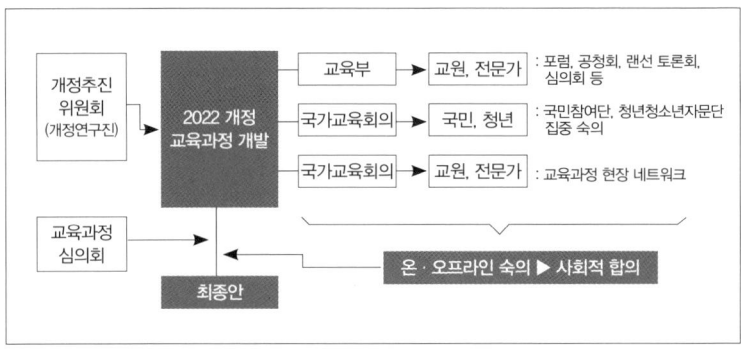

[그림 7] 2022 개정 교육과정 국민 의견수렴 과정

개정추진위원회는 다양한 분야의 전문가·학계·관계 기관의 협의체를 통해 교육과정 개발·운영을 위한 논의 및 의사결정을 진행하였다. 교육부는 개정추진위원회와 교원이나 전문가가 주체가 되어 포럼, 공청회, 랜선 토론회, 심의회 등을 개최하여 현장 의견수렴이나 사회적 합의를 통해 개선안을 마련하였다. 국가교육회의는 국민참여단과 청년청소년자문단의 숙의·토론을 통해 개선안을 도출하였다. 시도교육청은 교육과정 현장 네트워크를 통해 교원과 전문가의 현장 의견을 수렴하였다.

교육과정심의회는 교육과정 자문기구로서 기존 조직에 학생특별위원회와 지역교육과정특별위원회를 신설하여 다양한 위원들의 참여를 활성화하였다. 또한 국가교육과정 통합 포털을 통해 교육과정 개정 경과를 수시로 안내하고, 국민 의견을 직접 수렴하는 방식을 도입하였다.

2022 개정 교육과정의 개발 거버넌스는 구조적 측면이나 과정적 측면에서 기존의 방식과 차이점이 있다. 구조적 측면에서 보면 시도교육청의 교육감협의회와 국가교육회의와 같은 조직이 처음 등장하였다. 교육과정심의회의 조직에서도 학생특별위원회와 지역교육과정특별위원회가 새롭게 구성되었다. 이러한 변화는 국민 참여와 더불어 학생의 의견을 교육과정 개정에 적극적으로 반영하기 위한 시도이다. 교육과정심의회에 학생이나 지역적인 상황을 고려할 수 있는 이러한 위원회를 만듦으로써 획일화 · 규격화된 교육과정을 넘어 지역과 학생들을 통해 다양성을 반영하고자 하였다.

이러한 구조적 측면의 변화와 함께 과정적 측면에서도 과거와 차이점이 있다. 특징적인 점은 교육과정과 관련된 다양한 주체의 참여를 통해 교육과정의 공통 요소와 선택 요소를 만들어 감으로써 사회 구성원의 합의를 도출하는 숙의와 토론의 시간을 가진다는 점이다. 숙의와 토론을 통해 사회적 합의를 도출하는 것은 교육과정과 관련된 주체의 특성을 조정하는 것과 관련된다. 이는 국가나 지방자치단체, 교사나 전문가 집단, 학부모나 특수이익집단 간의 갈등에 대한 조정과 관련이 있다.

시 · 도교육감협의회는 기획위 및 기획단과 시 · 도교육청 소속 교원과정현장네트워크단, 숙의단으로 구성되어 있다. 기획위 및 기획단은 전국의 시·도교육청 담당자 및 지역대표 30명, 기획위원 12명 등으로 구성되었다. 기획위 및 기획단의 추진 하에 지역 교육과정의 요구분석을 바탕으로 교육 주체의 자율성에 기반한 교육과정 수립 방안을 마련하기 위하여 지역별 네트워크를 구축하여 협의회를 진행하였다. 교육과정현장네트워크단은 17개 시·도교육청의 추천을 받거나 공문을 통해 자발적으로 신청한 교원을 대상으로 구성되었다. 지역교육과정을 개념화하고 구체적인 내용 제시를 통해 교육과정 지원체계 방안을 제시하였다. 숙의단은 기획위 및 기획단과 교육과정현장네트워크단에서 추천한 인원으로 구성된다.

〈표 4〉 시·도교육감협의회 구성

구분	구성	역할	인원
기획위, 기획단	전국 시·도교육청 담당자, 기획위원, 지역대표 등	지역교육과정 활성화, 지역네트워크 구성에 대한 합의, 제안사항 등을 파악	기획위 12명 기획단 30명 (17개 시·도 교육청 대표)
교육과정 현장네트워크	전국 17개 시·도교육청 소속 교원 및 전문직	지역교육과정을 개념화하고 교육과정 지원체계 방안 제시	17개 시도 교육청 총 2,013명
숙의단	교육과정 현장네트워크 추천인	2022 개정교육과정의 지역 교육과정 제안서 작성	17개 시도별 1~2인 총 20명

시·도교육감협의회는 3단계로 진행되었다. 1단계는 기획위와 기획단이 주체가 되어 교육과정현장네트워크를 결성하고 운영 활성화를 위한 방안을 논의하였다. 2단계는 현장 교원 및 전문직이 주체가 되는 참여 단계로서 지역교육과정의 필요성 및 중요성을 공감하고

2022 교육과정의 개정 방향을 제안하기 위해 토론하였다. 3단계는 숙의단이 주체가 되는 공청회 단계로서 교육과정현장네트워크를 통해 토론된 내용을 바탕으로 2022 개정교육과정의 실질적 개정안을 제시하고 수정·보완하였다.

제3장 교육과정 개발 참여하기

■ 교육과정 개발 연구위원 · 자문위원

 교육부는 국가 수준 교육과정 개발 연구를 교육과정평가원이나 각 대학에 위탁하고 있다. 교육과정평가원은 교육과정 예비 연구나 시안 개발 등 교육과정 개발과 관련한 다양한 연구를 수행하고 있는데, 이 연구와 관련하여 자문위원이나 연구위원으로 참여할 수 있다. 수학 및 과학 교육과정 개발의 경우 한국과학창의재단에서 주도적인 역할을 담당하고 있으며, 이와 관련하여 자문위원이나 연구위원으로 참여 가능하다. 또한 지역 수준 교육과정 개발 연구에도 자문위원이나 연구위원으로 참여가 가능하다. 이러한 방식은 가장 직접적으로 교육과정 개발에 참여하는 방식이라고 할 수 있다.

■ 교육과정심의회 심의위원 · 전문위원

 교육과정심의회는 국가교육과정심의회와 지역교육과정심의회가 있다. 국가교육과정심의회의 경우, 교육과정이 개정되는 도중에 중요한 결정을 할 필요가 있거나 최종적으로 개정 교육과정의 안을 확정·고시하기 바로 직전에 개최하고 있다. 교사는 국가교육과정심의회와 지역교육과정심의회에의 심의위원으로 참여할 수 있다. 심의위원의 자격은 해당 교과 전공자, 교육과정 또는 교과용 도서의 연구·개발에 참여 경험이 있거나 연구 실적이 있으면 가능하다. 또한 각 교육과정심의회의 소위원회별 전문위원으로도 참여 가능하다.

■ 국가교육과정 모니터링단원

「국가교육위원회법」 제12조(국가교육과정 기준 및 내용의 고시 등), 「국가교육위원회법 시행령」 제10조(국가교육과정 기준과 내용의 수립·변경 등), 제12조(국가교육과정 모니터링단)을 근거로 국가교육과정의 질 관리와 교육과정 개선에 필요한 교육 현장의 기초 자료를 지속적이고 체계적으로 모니터링하기 위해 구성·운영되고 있다. 모니터링단은 학생·학부모팀, 교원팀, 전문가팀으로 현재 200명 가량(2023년 기준)이 활동하고 있다. 교원팀의 경우 학교교육과정의 실행과정과 운영 결과를 모니터링하는 역할을 한다. 위촉 단원은 매년 1회 이상 직무 수행에 필요한 교육을 받고, 국가교육위원회가 국가교육과정 기준과 내용의 수립·변경에 관한 사항을 심의·의결 시에 검토의견서 제출한다. 교원의 경우 5년 이상의 교육 경력이 있고, 연구 활동 이력, 교육과정 관련 업무경력, 교육과정 개발 경력 등을 고려하여 시·도 교육청에서 추천한다. 임기는 1년이며, 1회 연임이 가능하다. 향후 다양한 의견수렴과 체계적인 모니터링 운영 등을 위해 중장기적으로 모니터링단 규모를 확대(약 700명)할 예정이라 보다 많은 수의 교사들의 참여가 가능하다.

■ 교육과정 총론 및 각론 공청회 참석

공청회는 교육과정 개선안에 대한 교육 현장 및 국민 의견수렴을 목적으로 한다. 초·중학교 교원, 학생, 학부모, 교육과정 관련 학회 및 전문가, 일반 시민 등이 공청회에 참여하여 의견을 낼 수 있다.

■ 교육과정현장네트워크단원

교육과정현장네트워크단은 시도교육감협의회를 구성하고 있다. 교육과정현장네트워크단은 17개 시·도교육청의 추천을 받거나 공문을 통해 자발적으로 신청한 교원(교장, 교감, 교사)을 대상으로 구성된다. 네트워크단은 현장 교원 및 전문직이 주체가 되며, 지역교육과정을 개념화하고 구체적인 내용 제시를 통해 교육과정 지원체계 방안을 제시하는 역할을 담당한다. 교육과정현장네트워크단은 숙의단을 구성하는 인원을 추천할 수 있다.

전국시도교육감협의회 | 소개마당 | 알림마당 | 정보마당 | 공유마당 | 참여마당 | 교육과정현장

교육과정 현장 > 소개

🏠 HOME › 교육과정현장네트워크 › 교육과정현장 › 소개

- 소개
- 알리는글
- 자료실

○ 교육과정 현장 네트워크는
지역 교육과정 실체화를 실현하고, '내가 만드는 교육과정'의 폭과 깊이를 더합니다.

○ 왜 하나요? (목적)
- 시도교육청 수준의 지역교육과정 위상 정립
- 학교와 교육청 중심의 교육과정 거버넌스 형성

○ 누가 하나요? (대상)

단계	1단계	2단계	3단계
시기	2021년도	2022년도 상반기	2022년도 하반기
규모	시·도교육청별 50명 이상, 전체 규모 1500명 이상	전체 교원 및 교육전문직 5%(유치원 포함), 약 25,000명 이상	지역(시·도교육청)필요에 의해 확대

○ 언제 무엇을 어떻게 하나요? (시기, 내용, 방법)
- 「교육과정 현장네트워크」 1단계는 2천여 명이 모여 2021년 함께 활동하였습니다.
  이해세미나, 집중토론, 숙의 및 설문 과정을 거쳐 2022개정교육과정 총론에 대해 제안을 했습니다.
- 「교육과정 현장네트워크」 2단계에서는 개방적 토론과 합의 과정을 통해 총론과 각론의 연계,
  학생 성장과 발달을 고려한 교과 교육과정 구성, 생태적 전환 등 가치를 실현하는
  각론 방안 제시 및 교육 현장의 눈으로 각론 개발의 방향과 내용을 제시할 것입니다.

○ 2단계 일정

구분	1.준비	2.이해세미나	3.토론	4.제안	5.평가
시기	'21.11월 - 12월	'22.1월 - 2월 초	'22. 2월 중순 - 4월	'22. 5월 - 6월 초	'22. 6월 중
대상	시·도교육청별 교육과정 현장 네트워크	시도 네트워크	지역 네트워크	시·도교육감 총회, 교육부	교육과정 현장 네트워크 2단계
내용	교육과정 현장 네트워크 참여자 조직	활동계획 공유, 연수	집중토론+숙의 2022 개정 교육과정 방향(각론 등) 시도 교육과정	네트워크 토론 결과를 제안서로 작성하여 계속	네트워크 운영방식, 활동 평가 및 향후 과제 도출
운영 방법	자료 공유, 온·오프라인 회의	자료 공유, 온·오프라인 회의	온·오프라인 회의	온·오프라인 회의 사무국 내부 검토	면담 및 설문지

제2부

—

교과서

제4장 교과서 이해하기

1. 교과서의 의미

교과서는 교육과정의 목표와 내용을 구체화 시켜놓은 공식적인 자료로서, 학습자에게 배워야 할 내용을 제시하고 학습하는 방법을 안내하며 학습 결과를 정리하고 평가하는 소재를 제공한다(남수경 외, 2010: 258). 교과서는 사전적 의미로 학교에서 교과 과정에 따라 주된 교재로 사용하기 위하여 편찬한 책이고(국립국어원 표준국어대사전), '교과용 도서에 관한 규정(대통령령 제33829호, 2023. 10. 24.)'에서는 교과서와 지도서를 교과용 도서에 포함하고 있다. 교과서는 학교에서 학생의 교육을 위해 활용하는 학생용의 서책, 음반, 영상, 전자 저작물을 말하고, 지도서는 학교에서 학생들의 교육을 위해 활용하는 교사용의 서책, 음반, 영상, 전자 저작물을 말한다. 교과서는 교육과정이 실제로 전개되는 교수·학습의 과정을 연결하고 교육 내용을 선정·조직하며, 교육과정 계획에 의하여 수업에서 교수·학습 활동을 이끌고 보조한다. 또, 교육과정에 의하여 실제 학생들이 배워야 할 내용을 보다 구체적이며 배우기 쉬운 형태로 교과서에 제시하기도 한다.

우리나라 교과용 도서는 '국정·검정·인정도서'가 있다. '교과용

도서에 관한 규정'에 따르면 '국정도서'는 교육부가 저작권을 가진 교과용 도서, '검정도서'는 교육부장관의 검정을 받은 교과용도서, '인정도서'는 교육부장관의 인정을 받은 교과용 도서이다. 교과서는 우리나라 학교 교육에서 그 어떤 자료 보다 중심적인 역할을 하고 있는데 이는 '초·중등교육법(법률 제19738호, 2023.9.27.)' 제29조1항에서 "학교에서는 국가가 저작권을 가지고 있거나 교육부 장관이 검정하거나 인정한 교과용 도서를 사용하여야 한다."라고 명시한 것에서도 확인할 수 있다.

2. 교과서의 변천[2]

1) 교육에 대한 긴급 조치와 교수요목의 시기 (1945 ~ 1954)

정부수립 직후의 교과용 도서는 '집필 → 출원 → 심사 → 발행'으로 이어지는 검정 절차가 확립되었다. 하지만 한국 전쟁의 발발로 전시 교육 방침이 시행되었다. '전시 교재'가 보급되어 전쟁 중에도 학교에서는 수업을 중단하지 않았고, 열악한 환경에서나마 높은 교육열을 이어 갔다. 전쟁 이후, 두드러지게 나타난 특징으로는 교육과정 편성과 교과서 발행이 국가 주도, 정부 주도 체제로 더욱 굳어졌다는 것이다. 여기에 더하여 남북 분단으로 인한 이데올로기 문제가 교육 내용 선정에서 중요한 위치를 차지하게 되었다.

---

[2] 2022 개정 교육과정에 따른 교과용도서 개발을 위한 편수 자료 I (교육부, 2023)의 내용을 발췌하여 일부 수정

2) 제1차 교육과정기 (1954. 4. ~ 1963. 2.)

제1차 교육과정기는 법령에 근거하여 교과용 도서 편찬이 시작된 시기이다. 제1차 교육과정기의 교과서 제도는 이전의 운영과는 달리, 교육법과 교육법 시행령에 근거하여 교육과정, 교과서 관련 법이 정비되고, 이 법에 기초하여 교과서 편찬과 검정이 이루어졌다. 국정 교과서는 '국정 교과용 도서 편찬 규정(대통령령 제337호, 1950. 4. 29.)'에 의거 하여, 검인정 교과서는 '교과용 도서 검인정 규정(대통령령 제336호, 1950. 4. 29.)'에 의거 해서 각각 편찬되었다.

3) 제2차 교육과정기 (1963. 2. ~ 1973. 2.)

경험 중심 교육과정의 영향으로 교과서의 구성도 발견 학습, 탐구 학습 등의 편찬 방식을 지향하였고, 외형 체제 면에서도 상당한 진전이 있었다. 초등학교의 전 교과서와 중·고등학교 일부 교과서를 국정으로 하였고, 그 밖의 것은 검인정으로 하였는데, 검인정제는 통제가 강한 편이었다. 또 교과서비를 학생이 부담하였다.

국정 교과서 체제는 판형이 제1차 교육과정기의 4·6판에서 5·7판(국판)으로 바뀌었고, 검인정 교과서 제도는 그 법적 근거를 ① '교과용 도서 검인정 규정(1950. 4. 29.~1967. 4. 16.)', ② '교과용 도서 저작 검인정령(1967. 4. 17.~1977. 8. 21.)'에 두고 판형과 체제는 국판(A5판)으로 종전과 동일하였으나, 색채와 삽화가 증가하였다. 또, 한자의 혼용이 이루어지고, 학교 문법이 통일되었다.

4) 제3차 교육과정기 (1973. 2. ~ 1981. 12.)

1977년 중반기까지 '교과용도서 저작·검인정령'이 적용되었고,

이후에는 '교과용 도서에 관한 규정'이 제정·적용되었다. '교과용 도서에 관한 규정' 적용기에 문교부는 교과서를 직접 제작하지 않고 기획·감독 기능만 수행하고, 집필, 교정 등의 편찬 기능은 교과서 개발 기관(연구 기관, 대학교 등)에 위임하였다. 교과서를 1종, 2종으로 구분하여, 1종은 '연구·개발형'이라고 부르고, 2종은 '자유 경쟁형'으로 규정하기도 하였다. 또, 교과서 공급에 있어서 중간 상인의 배제 및 적기 공급 등을 내세워 정부 투자 기관인 국정교과서(주)를 공급 업무 대행자로 지정하고 학교에 직접 공급하게 하였다.

5) 제4차 교육과정기 (1981. 12. ~ 1987. 3.)

제4차 교육과정기에 제작된 교과서는 교과의 특성에 따라 판형을 달리하였으며, 또한 컬러 인쇄에 지질, 장정 등의 모든 면이 향상되었다. 특히, 초등 1, 2학년 교과서는 4·6배판으로 판형이 바뀌었으며, 음악, 미술 교과서도 국판에서 4·6배판으로 확대되어 교과 내용을 보다 다양하게, 그리고 원색으로 실을 수 있게 되었다. 중학교 과학 교과서도 교과의 특성을 고려하여 판형을 크라운판으로 바꾸었다. 전반적으로 외형 체제도 개선되어 지질, 색도, 디자인 등이 이전 시기보다 크게 향상되었다.

6) 제5차 교육과정기 (1987. 3. ~ 1992. 6.)

제4차 교육과정기와 비교하여 제5차 교육과정기의 교과서 편찬상의 변화를 살펴보면, '1교과 1교과서'의 틀을 탈피하여 초등학교의 경우 교과에 따라서는 2종 이상의 1종(국정) 교과서를 발행하였고, 중앙 편찬 방식을 일부 탈피하여 초등학교 4학년 1학기 교과서를 시·도별로 개발, 편찬하였다. 또 2종 교과용 도서의 수를 확대하고, 교과목당 합격 종 수를 확대하였다.

7) 제6차 교육과정기 (1992. 6. ~ 1997. 12.)

제6차 교육과정에 의한 1종 교과용 도서는 대학 또는 연구 기관에 위탁하여 편찬하였고, 2종 도서는 교육부가 검정 신청을 공고하고, 저자의 신청을 받고 검정 심사 위원회를 구성하여 심사 후 최종 합격 도서를 발표하였다. 제6차 교육과정에 의한 교과용 도서 편찬의 기본 방향은 첫째, 교육과정에서 추구하는 인간상과 구성 방침의 구현 및 국제 경쟁력의 강화 기여, 둘째, 교과용 도서의 내용 선정과 방법의 제시에 있어서 인간성 회복을 위한 도덕성, 바른 역사관, 민주 시민 의식과 창의성 강조, 셋째, 교육의 질 관리에 실용성 있게 활용할 수 있도록 교수·학습 자료로서의 기능 강화, 넷째, 학생의 개성과 능력에 따른 다양한 지도와 생활 교육 및 자율 학습에 도움을 줄 수 있는 교과용 도서 편찬이었다. 또 제6차 교육과정에서는 초등 영어과 도서가 2종으로 전환되어 처음으로 초등학교에도 검정 교과서가 출현하게 되었다.

8) 제7차 교육과정기 (1997. 12. ~ 2007. 2.)

제7차 교육과정의 교과용 도서는 학생의 자기 주도적 능력과 창의력 신장을 목표로 하였으며, 쉽고 재미있고 친절하여 활용하기 편리하도록 하였다. 이 시기의 교과용 도서 구분은 종래의 1종 도서, 2종 도서, 인정도서의 구분을 그대로 따르다가 '교과용 도서에 관한 규정'의 개정(2002. 6.)으로 국정도서, 검정도서, 인정도서로 그 명

칭을 재정립하였다. 교과서 공급 제도와 관련하여 생긴 변화로는, 재단 법인 한국교과서연구재단이 2001학년도 교과서 공급분부터 교과용 도서를 공급하였다.

2002년부터는 교육인적자원부가 저작권을 가진 국정도서의 발행권이 6개 출판사로 확대되어 교과서 발행이 다양한 체제로 이루어졌다. 또 1998년 2월 '행정 권한의 위임 및 위탁에 관한 규정' 개정에 따라 검인정 도서 관리 업무가 국가에서 한국교육과정평가원으로 위탁되었다. 또 검정 도서의 경우 연차 검정의 도입과 교과서와 지도서의 분리 검정이 제도화되었다. 연차 검정이란, 1, 2, 3학년용 도서를 한꺼번에 검정하는 방식을 탈피하여 매년 검정을 실시, 다음 해에 적격본만을 심사 대상으로 진입시키는 것을 말하며, 교과서와 지도서의 분리 검정이란, 종전에 교과서와 지도서를 동시에 검정하던 것을 지도서를 별개의 검정 단계로 분리 시킨 것을 말한다. 인정도서의 경우, 고등학교에 인정도서심의회 심의가 없는 인정도서 목록을 제시하여 단위 학교에서 심의 절차를 거친 도서를 학교장의 추천을 받아 교육감이 승인한 후 단위 학교에서 사용할 수 있게 하였다.

9) 2007 개정 교육과정기 (2007. 2. ~ 2009. 12.)

교과용 도서 편찬 방향은 교육과정에서 추구하는 인간상과 교육목표 달성에 적합한 질 높은 교과용 도서의 편찬이었다. 기본 방향은 학생의 학습 능력과 창의력 신장에 적합한 교과용 도서 개발이었다. 주요 내용은 교육과정을 충실히 반영한 교과용 도서 편찬, 교육과정 중심의 학교 교육 체제에 적합한 교과용 도서 편찬, 학습자 중심의 다양하고 질 높은 교과용 도서 편찬이었다. 그리고 교과서의 구성 체제에 대해서는 편찬상의 유의점을 통해 단원 구성에서 교과의 특성과 단원 성격에 적합하게 창의적으로 구성하고 자기 주도 학습이 가능하도록 하였다.

10) 2009 개정 교육과정기 (2009. 12. ~ 2015. 8.)

교육과학기술부는 2010년 1월 창의적인 '산지식' 제공과 학습자 친화적인 미래형 교과서 보급을 주요 골자로 한 '2010년 교과서 선진화 방안'을 확정·발표하였다. 주요 내용은 다음과 같다. 첫째, 사용자가 사용하기 편리한 교과서 개발이다. 가정에서도 활동 가능한 e-교과서를 기존 서책형(종이) 교과서와 함께 CD 등의 형태로 학생들에게 보급하고 초등학교 학생 편의를 고려하여 종전 3권(듣기·말하기, 쓰기, 읽기)인 초등 3학년 국어 교과서를 2권(듣기·말하기·쓰기, 읽기)으로 합본하는 것이다. 둘째, 인정도서의 확대이다. 2011년부터 국정도서 145종(특목고 및 전문계고)과 검정도서 39종(고교 과학, 음·미·체 등)인 184종의 도서가 인정도서로 전환되었다. 이로써 교사들이 자체 제작한 학습 자료나 시중에 나와 있는 일반 서적도 인정 절차만 거치면 교과서로 사용될 수 있게 되었고, 이를 통해 학생들의 다양한 요구를 직접 교과서에 반영할 수 있어서 지식, 흥미, 창의력을 키워주는 수준별 맞춤 수업이 용이해 질 것이라 기대하였다. 셋째, 검정 교과서 출원 자격의 완화이다. 민간 출판사(저작자) 뿐만 아니라 학회나 공공 기관의 검정 교과서 출원도 허용하였다. 이를 통해 역량 있는 기관의 교과서 편찬 참여 확대로 인하여 보다 재미있고 다양한 교과서 개발이 가능하도록 하였다. 넷째, 그동안 공개하지 않았던 검정 심사 결과 보고서의 공개이다. 또한 교육 현장의 다양한 요구와 미래 사회에 대비할 '산지식'을 적시에 교과서에 반영할 수 있도록 교과서의 '합격 유효 기간제(5년)'를 폐지하였다. 이는 교육과정 수시 개정에 따른 교과서 개편이 가능 하도록 하기 위한 것이었다. 다섯째, 교과서 가격 안정화 도모이다. 2011년 검정 출원되는 교과서부터 가격을 사전에 심의하고 필요한 경우 교과서 가격의 조정을 출판사에 권고하였다. 여섯째, 일선 학교에서의 교과서 채택 비리를 근절하고, 교과서 선정 및 채택 과정의 공정성, 투명성을 제고 하기 위한 법률상 근거 규정을 마련하였다.

11) 2015 개정 교육과정기 (2015. 9. ~ 2022. 11.)

교육부는 2015년 7월에 오류 없고 질 높은 교과서를 개발하기 위해 교과서 개발 방식을 개선하는 것을 주요 내용으로 하는 '교과용 도서 개발 체제 개선방안'을 발표하였다. 개선방안의 주요 내용은 다음과 같다.

첫째, 국정도서의 현장 검토본에 대한 내용 오류 및 표현·표기의 정확성 등에 대한 감수 및 심의를 강화하고 '연구학교, 교사 연구회, 전문가 검토'를 함께 추진하는 등 현장 적합성 검토 방식을 개선하였다. 둘째, 검정도서를 안정적으로 개발할 수 있도록 집필 기간을 대폭 늘리고(최소 1년 이상), 학년과 학기가 구분되는 교과서는 연차적으로 심사를 실시하고 검정 심사 중 본심사를 세분화하였다. 셋째, 인정도서의 활용률을 제고하고, 교과서 사용의 자율성을 확대하였다. 넷째, 교과용 도서 개발 주체인 출판사와 집필자 등을 대상으로 체계적이고 전문적인 연수를 실시하는 등의 지원을 하고 가격을 안정화하도록 하였다. 교과서 가격 안정화를 위해 '최고 가격제'를 도입하여 출판사가 최고 가격 내에서 자율적으로 교과서 가격을 정하도록 하였다. 또 지속적인 질 관리를 위해 교과용 도서 수정·보완 사항의 연혁을 관리하고, 온라인을 통해 상시 안내하도록 하였다.

12) 2022 개정 교육과정기 (2022. 12. ~)

2022 개정 교육과정에 따른 교과서 개발 방향은 교육과정의 인간상과 교과 목표를 충실하게 구현하는 교과서, 미래사회 요구 역량과 소양, 창의성을 함양하는 교과서, 자기 주도적 학습과 성장을 촉진한다. 이전 대비 주요 변동사항은 다음과 같다.

첫째, 국·검·인정 발행체제는 유지하되 '2022 개정 교육과정'에 따라 교과용도서를 기존 국정 68책, 검정 177책, 인정 765책, 총 1,010책에서 국정 68책, 검정 153책, 인정 718책, 총 939책으로 조정하였다. 둘째, 기존 초·중학교 지도서 중 중학교 지도서를 교과용 도서에서 제외하고, 지도서를 전자저작물 매체 형식을 DVD·USB 등으로 지정하지 않고 자유롭게 확대하였다. 셋째, 구분 고시 제외 과목과 단위 학교에서 필요에 따라 개설한 학교장 개설 과목 등의 교과용 도서 인정심사 간소화 대상을 기존 고등학교 과목에서 초중고교 과목으로 확대하였다. 아울러, '초등학교 교과용 도서 구분 고시(2015-76호, 15.10.21.)'와 '중·고등학교 교과용 도서 구분 및 검증 결과 제출 등에 관한 고시(2020-241호, 20.10.26.)'를 통합해 '초·중등학교 교과용 도서 구분 고시(2022-35호, 22.12.29.)'를 발표하였다.

3. 교과서 제도

교과서 제도는 좋은 교과서를 편찬·발행하고 또, 제작된 교과서를 제때에 공급하기 위한 과정 및 결과와 이와 관련한 일체의 행정지원을 의미한다(홍후조 외, 2012: 1). 교과서를 둘러싼 다양한 제도들 중에서 가장 주목해야 할 부분은 교과서 발행제도라 할 수 있다. 발행제도는 교과서의 법적 지위와 저작자, 심사, 합격·불합격 판정, 채택 의무 전반을 아우르는 전 과정으로서의 발행을 의미한다(김명정, 2012: 215). 교과서 발행제도는 국정제, 검정제, 인정제, 자유발행제가 있으며, 우리나라는 국정제, 검정제, 인정제를 3가지를 병행하고 있다 (〈표 5〉 참고).

〈표 5〉 교과서 발행제도의 주요 특징

	구분	국정제	검정제	인정제	자유발행제
발행자	국가/주	○			
	출판자		○	○	○
	저작자		○	○	○
교과서 저작의 근거	국가/주 교육과정	○	○	○	○
	별도의 교과서 기준		○	○	
	학문적, 교육적 필요				○
교과서 발행 절차	저작 → 심의 → 발행	○			
	저작 → 검정 → 발행		○		
	저작 → 인정 → 발행			○	
	저작 → 발행 → 사용				○
교과서 인정자	국가/주	○	○	○	
	별도의 기관		○		
	교육구			○	
	학교			○	○
	교사				○
교과서 채택자	국가/주	○			
	교육구				
	학교		○	○	○
	교사			○	○
교과서 채택의 근거	없음(의무)	○			
	교과서 목록		○	○	
	채택자의 자유				○

* 출처 : 교육부(2018). 우리나라의 교과서 변천사(1945~2015). P. 8.

교과서 발행제도는 국가의 개입에 따라 크게 두 가지 유형으로 나눌 수 있다. 하나는 국가가 교과서의 발행과 심의에 직·간접적으로 개입하는 국정·검정·인정제이며, 다른 하나는 국가의 통제나 간섭 없이 교과서를 만들고 사용하는 자유발행제이다(이용재, 2009). 같은 맥락에서 교과서의 저작과 사용에 대한 국가의 관여 형태에 따라 국가 주도형과 민간 주도형으로 구분할 수 있다. 국가 주도형은 학생들이 비슷한 수준의 교육을 경험할 수 있도록 하고 교육의 기회균등을 위해 국가가 교과서 저작에 관여하는 형태로, 국가 수준의 집필 기준과 심의 기준을 충족하였을 경우 국가가 교과서로 사용할 수 있는 권한을 부여하게 된다. 대표적으로 국가 주도형에는 국정제와 검정제가 해당한다. 반면, 민간 주도형은 학습자의 소질에 부합하는 교과서를 민간에서 저작, 발행하여 교육 현장에서 사용하도록 하는 형태로 자유발행제가 이에 가깝다. 자유발행제에서는 민간 저작자 또는 출판사는 국가의 제약을 받지 않고 교과서를 자유롭게 개발할 수 있으며, 교과서 선정은 학교 현장의 결정에 따라 이루어진다. 이러한 주도 형태에 따른 교과서 제도는 다음 [그림 8]과 같다(박창언 외, 2017: 1).

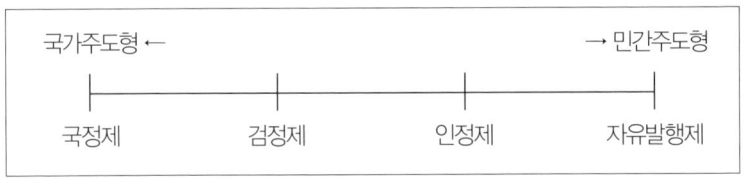

[그림 8] 교과서 제도의 유형(박창언 외, 2017)

1) 교과서 발행제도의 유형
(1) 국정제

국정제는 교과서를 국가가 직접 저작하거나 연구기관 또는 대학 등 위탁 기관이 저작하여 발행하는 제도이다. 국정제의 장점으로는 국민 공통기본 교육과정의 일관성 있는 구현, 교과서 편찬·공급·채택 과정에서 자원의 낭비와 출판사간의 과대경쟁 방지, 학교 현장에서 교원의 전보나 학생 전학 등 구성원의 유동성 문제에 의해 발생할 수 있는 교육권 제약 문제 해결, 교과서 질의 일정수준이상 유지 및 안정적 생산·공급 등을 들 수 있다(남수경 외, 2010: 259).

그러나 국정도서는 다양한 교사와 학생의 요구를 충족시키기 어렵고 수요자가 원하는 교과서를 선택할 수 있는 권한이 보장되지 않는다는 문제점이 있다(박창언 외, 2017: 12). 더불어 국정제는 교육과정 해석의 획일화를 초래하여 교육의 다양성을 저해하며, 독점 체제로 인해 교과서 질 향상에 한계를 가지며 교과서 집필의 참여를 일부에게 제한하게 된다는 문제점이 있다.

(2) 검정제

검정제는 민간 저작자나 출판사가 교과서를 제작하고 국가 기관이 심사 후 발행하는 교과서 제도이다. 검정제는 하나의 교과에 여러가지 교과서 발행이 가능해짐으로써 국정제에 비해 교육과정에 대한 다양한 해석이 가능해진다. 교과서 채택에 있어서 단위 학교 또는 단위 지역에 선택권을 부여함으로써 자유 경쟁의 원리를 도입하게 되고 교과서의 질이 향상된다는 장점이 있다. 또 국정제에서의 교과서 집필 참여 제한이 검정제에서는 다소 해결 될 수 있다(김진영 외, 2010). 그러나 검정도서의 개발의 기준이 되는 국가 교육과정, 편찬상의 유의점, 과목별 집필 기준 및 검정기준과 각종 심사 지침 등 검정 심사의 엄격함이 교과서 개발자들에게 검열 장치로 작용하여 실제적으로 다양성과 창의성을 발휘하기 어렵다는 단점이 있다(김진영 외, 2010). 또한 출원사의 전문성에 대한 보장이 어렵고 소수의 인력이 검정 심사 업무를 담당하고 있어 업무 과다와 전문성이 부족한 측면이 있다. 또한 검정 기준이 심사단계에서 절대적인 판단 준거로 작용하여 심사의 객관성에 관한 시비를 잠재울 수 있지만, 이 또한 교과서를 획일적으로 편찬하게 하는 잠재적 요소로 작동될 수 있는 딜레마를 갖는다. 또한 교과서 발행비 증가로 인하여 정부의 부담이 늘기도 한다.

(3) 인정제

인정제의 기본적인 틀은 민간의 자유로운 저작과 교과서 활용에 대한 승인이다. 학교에서 활용할 수 있는 도서를 민간에서 자유롭게 제작하고 그것의 활용을 시·도 교육청을 통해 승인받는 방식으로서 검정제에 비해 훨씬 자유롭다(김진영 외, 2010: 24). 또 심사 절차가 간편하고 교과서 개발 기간이 짧아 교과서의 개발이나 채택이 유연하고 이로 인해 학교의 상황과 여건, 학생의 다양한 요구에 맞는 창의적인 교과서 개발의 가능성이 높다. 반면 국정제나 검정제에 비해 교과서의 오류나 질적인 보장은 어렵다는 단점이 있다.

(4) 자유발행제

교과서 자유발행제는 교과서 편찬, 발행, 공급의 측면에서 볼 때 심사 절차가 없다. 이에 따라 다양하고 창의적인 교과서를 개발할 수 있고, 다양한 견해를 제시하는 다양한 교과서 중에서 교사가 선택하여 사용할 수 있으므로, 교육에 대한 교사의 자율성을 높일 수 있으며, 학생들도 다양한 견해를 접하고 창의성을 증진할 수 있는 기회를 가진다는 장점이 있다. 그러나 시장성이 떨어지는 교과목의 경우 교과서가 개발되지 않을 수도 있다. 또한 교과서의 저작이나 발행과 관련하여 국가의 개입이 없기 때문에, 국가 교육과정을 충실하게 반영하고 적절한 수준의 교과서가 개발되었는지 등과 같이 교과서의 질을 관리하는데 어려움이 있다(곽병선 외, 2004).

2) 국가별 교과서 발행제도

각국의 교과서 제도는 그들만의 독특한 역사와 사회·문화적 배경에 의해서 형성된다. 일반적으로 근대화 과정에서 국가 주도로 교육을 시행해 온 한국, 중국, 일본 등의 아시아 국가들의 경우 교과서 발행에서도 국가 주도의 교과서 발행제도를 채택하는 경우가 많다. 이와 달리 교과서 내용이나 실제 수업에서 국가 교육과정의 규정력이 약한 프랑스와 호주, 네덜란드 등은 민간 주도의 교과서 발행제도를 채택하는 경우가 많다. 여러 국가의 교과서 발행제도를 국정제, 검정제, 인정제, 자유발행제에 따라 비교해 보면 〈표 6〉과 같다.

〈표 6〉 국가별 교과서 발행제도 현황

구 분		국 가
국정제		스리랑카, 니콰라과, 쿠바, 아이슬란드, 미얀마, 바레인, 아랍에미리트, 카타르, 사우디아라비아, 가이아나, 벨리즈, 알제리 등
검정제		벨라루스, 카자흐스탄,우크라이나, 트리니다드토바고, 자메이카, 볼리비아, 포르투갈, 브루나이, 에콰도르, 그레나다, 몬테네그로, 니제르 등
인정제		캐나다, 이탈리아, 파나마 등
자유발행제		아일랜드,덴마크, 스웨덴, 영국, 프랑스, 호주, 뉴질랜드, 네덜란드, 페루 등
혼합유형	검·인정제	앙골라, 대만, 러시아, 라트비아, 폴란드, 헝가리, 불가리아 등
	국·검·인정제	한국, 일본, 인도네시아, 말레이시아, 파키스탄
	국정제, 자유발행제	인도 등
	국·검정제, 자유발행제	멕시코, 아르헨티나 등
	검·인정제, 자유발행제	미국, 독일 등

* 출처 : 김다희(2019) 수정·보완

4. 교과서의 법적 근거

우리나라 교과서와 관련된 법령에는 '초·중등교육법' 제29조, '초·중등교육법 시행령' 제55조, '교과용도서에 관한 규정'이 있다. 상세 내용은 국가법령정보센터(www.law.go.kr)'에서 확인할 수 있다.

■ 초 · 중등교육법 제29조(교과용 도서의 사용)

① 학교에서는 국가가 저작권을 가지고 있거나 교육부장관이 검정하거나 인정한 교과용 도서를 사용하여야 한다. 〈개정 2013. 3. 23.〉
② 교과용 도서의 범위 · 저작 · 검정 · 인정 · 발행 · 공급 · 선정 및 가격사정(査定) 등에 필요한 사항은 대통령령으로 정한다. [전문개정 2012. 3. 21.]

■ 초 · 중등교육법 시행령 제55조(교과용도서의 사용)

법 제29조제2항의 규정에 의한 교과용도서의 범위 등에 관하여 필요한 사항은 따로 대통령령으로 정한다.

■ 교과용 도서에 관한 규정

제2조(정의) 이 영에서 사용하는 용어의 정의는 다음과 같다.

1. "교과용도서"라 함은 교과서 및 지도서를 말한다.
2. "교과서"라 함은 학교에서 학생들의 교육을 위하여 사용되는 학생용의 서책 · 음반 · 영상 및 전자저작물 등을 말한다.
3. "지도서"라 함은 학교에서 학생들의 교육을 위하여 사용되는 교사용의 서책 · 음반 · 영상 및 전자저작물 등을 말한다.
4. "국정도서"라 함은 교육부가 저작권을 가진 교과용도서를 말한다.
5. "검정도서"라 함은 교육부장관의 검정을 받은 교과용도서를 말한다.
6. "인정도서"라 함은 국정도서 · 검정도서가 없는 경우 또는 이를 사용하기 곤란하거나 보충할 필요가 있는 경우에 사용하기 위하여 교육부장관의 인정을 받은 교과용도서를 말한다.
7. "개편"이라 함은 교육과정의 전면개정 또는 부분개정이나 그 밖의 사

유로 인하여 교과용도서의 총 쪽수(음반·영상·전자저작물 등의 경우에는 총 수록 내용)의 2분의 1을 넘는 내용을 변경하는 것을 말한다.

8. "수정"이라 함은 교육과정의 부분개정이나 그 밖의 사유로 인하여 교과용도서의 문구·문장·통계·삽화 등을 교정·증감·변경하는 것으로서 개편의 범위에 이르지 아니하는 것을 말한다.

제3조(교과용도서의 선정) ① 학교에서 사용할 교과용도서는 학교의 장이 선정한다. 다만, 신설되는 학교에서 최초로 사용할 교과용도서는 해당 학교를 관할하는 교육감 또는 교육장이 선정할 수 있다.

② 제1항에 따른 교과용도서는 다음 각 호의 구분에 따라 국정도서 또는 검정도서 중에서 선정한다.

1. 국정도서가 있고 검정도서는 없는 경우: 국정도서를 선정
2. 국정도서가 없고 검정도서는 있는 경우: 검정도서 중 선정
3. 국정도서와 검정도서가 모두 있는 경우: 국정도서와 검정도서 중 선정

③ 제2항에도 불구하고 다음 각 호의 어느 하나에 해당하는 경우에는 인정도서를 선정할 수 있다.

1. 국정도서와 검정도서가 모두 없는 경우
2. 국정도서 또는 검정도서를 선정·사용하기 곤란하여 인정도서로 대체 사용하려는 경우
3. 국정도서 또는 검정도서의 보충을 위하여 인정도서를 추가로 사용하려는 경우

④ 학교의 장은 제1항 본문에 따라 교과용 도서를 선정하려는 경우 미리 소속 교원의 의견을 수렴한 후 학교운영위원회(학교운영위원회가 구성되지 않은 학교는 학교운영위원회의 구성 방법에 준하여 구성되는 학교 운영에 관한 협의 기구를 말한다. 이하 같다)의 심의를 거쳐야 한다. 다만,

제2항제1호에 해당하여 국정도서를 선정하는 경우에는 그렇지 않다.

⑤ 제1항부터 제4항까지에서 규정한 사항 외에 교과용 도서의 선정에 필요한 세부 사항은 교육부장관이 정한다.

제4조(국정도서) 국정도서는 교육부장관이 정하여 고시하는 교과목의 교과용도서로 한다.

제5조(국정도서의 편찬) 국정도서는 교육부가 편찬한다. 다만, 교육부장관이 필요하다고 인정하는 국정도서는 연구기관 또는 대학 등에 위탁하여 편찬할 수 있다.

제6조(검정도서) 검정도서는 교육부장관이 정하여 고시하는 교과목의 교과용도서로 한다.

제9조(검정방법) ① 검정심사는 기초조사와 본심사로 구분하여 실시한다.

② 기초조사는 대상 도서의 내용 오류, 표기·표현 오류 등을 조사한다.

③ 본심사는 제7조제1항제4호의 검정 기준에 따라 교과용 도서로서의 적합성 여부를 심사한다.

④ 교육부장관은 제3항에 따른 본심사 과정에서 필요한 경우 국립국어원 등 전문기관에 감수를 요청할 수 있다.

제10조(합격결정) ① 검정의 합격결정은 심사의 결과에 따라 교육부장관이 행한다.

② 동일 학년의 하나의 과목에 검정교과서가 2책 이상으로 구성되는 경우 그 중 하나라도 검정교과서로서 부적합하면 그 신청자가 신청한 해당 교과목의 도서는 모두 불합격으로 한다. 다만, 검정시기가 다른 경우로서 나중에 신청한 도서에 대하여 불합격의 결정을 하는 경우에는 그러하지 아니하다.

③하나의 교과목의 교과서와 지도서 중 그 어느 하나라도 부적합한 경우

에는 그 교과서와 지도서는 모두 불합격으로 한다.

제14조(인정도서의 신청) ① 교육부장관이 정하여 고시하는 교과목에 대하여 인정도서를 선정·사용하려는 경우에는 학교장, 저작자, 발행자 또는 저작자와 발행자가 공동으로 해당 도서를 선정·사용하려는 학기가 시작되는 날의 6개월 전까지 교육부장관에게 인정도서의 인정을 신청하여야 한다. 다만, 교육부장관은 교육과정의 개정 등 부득이한 사유가 있는 경우에는 인정도서의 인정신청기한을 달리 정하여 공고할 수 있다.
③ 교육부장관이 정하여 고시하는 교과목 외의 교과목에 대하여 인정도서를 선정·사용하려는 경우에는 학교의 장이 해당 교과목의 교원자격을 가진 교원 중에서 지정 또는 위촉하는 3명 이상의 위원으로 구성되는 학교인정도서추천위원회 및 학교운영위원회의 심의를 거쳐 학기가 시작되는 날의 6개월(학교 교육과정 운영 등 부득이한 사유가 있는 경우로서 학교의 장이 교육부장관과 협의하여 교육부장관이 인정도서의 인정신청기한을 단축한 경우 그 기한) 전까지 교육부장관에게 인정을 신청할 수 있다. 다만, 공립·사립의 초등학교 및 중학교의 경우에는 교육장을 거쳐 인정을 신청하여야 한다.
④ 제1항 및 제3항에 따라 인정도서의 인정을 신청하는 교과목 중 교육부장관이 따로 정하여 고시하는 교과목의 경우에는 인정을 신청할 때 교육부장관이 정하여 고시하는 바에 따라 실시한 해당 도서의 내용 오류, 표기·표현 오류 등에 대한 검증 결과를 제출해야 한다.

제15조(인정기준) 교육부장관은 제14조의 규정에 의하여 인정신청을 받은 경우에는 제18조의 규정에 의한 교과용도서심의회의 심의를 거쳐 당해 도서의 인정기준을 정한다.

제17조(인정도서의 사용 범위 등) ① 교육부장관이 제16조에 따라 인정도

서를 인정한 경우 인정을 신청한 학교 외의 학교의 장은 별도의 인정신청 없이 그 인정도서를 선정·사용할 수 있다.

② 교육부장관이 「자격기본법 시행령」 제8조제5항에 따라 개발한 국가직무능력표준 학습교재의 경우 학교의 장은 별도의 인정신청 없이 해당 학습교재를 인정도서로 선정·사용할 수 있다.

③ 학교의 장은 국정도서 또는 검정도서를 보충할 목적으로 인정을 받은 인정도서를 국정도서 또는 검정도서에 갈음하여 선정·사용하여서는 아니된다.

④ 교육부장관은 인정도서의 인정을 한 교과목에 관하여 국정도서 또는 검정도서가 있게 되거나 교육과정의 변경 등으로 당해 인정도서를 선정·사용하기 곤란하게 된 경우에는 인정도서의 인정을 취소할 수 있다. 이 경우 교육부장관은 인정을 받은 자에게 지체 없이 취소 사실을 통보하여야 한다.

⑤ 제4항에 따른 취소는 통보 후 1년이 경과한 날부터 그 효력을 가진다.

제18조(교과용도서심의회의 설치) 교과용도서의 편찬·검정·인정·가격 결정 및 발행 등에 관한 사항을 심의하기 위하여 교육부에 각급학교의 교과목 또는 도서별로 교과용도서심의회(이하 "심의회"라 한다)를 둔다.

제26조(수정) ① 교육부장관은 교과용도서의 내용을 수정할 필요가 있다고 인정될 때에는 국정도서의 경우에는 이를 수정하고, 검정도서의 경우에는 저작자 또는 발행자에게 수정을 명할 수 있다.

② 제16조의 규정에 의하여 인정도서의 인정을 한 교육부장관은 인정도서의 내용을 검토하여 수정이 필요하다고 인정하는 때에는 당해 인정도서의 저작자에게 수정을 요청할 수 있다.

③ 교과용 도서를 편찬하거나 발행하는 자는 「국어기본법」 제18조에 따른

어문규범을 준수하여야 한다.

제27조(개편) 교육부장관이 국정도서를 개편할 필요가 있다고 인정될 때에는 이를 개편할 수 있다.

5. 2022 개정 교육과정에 따른 교과서

1) 편찬 방향
(1) 목표
미래 변화에 대응하는 학습자 중심의 교과용 도서 개발 및 보급을 통해, 자기 주도성·창의와 혁신·포용과 시민성을 갖춘 인재 육성

(2) 기본 방향
미래 변화에 대응하는 창의적이고 혁신적인 인재 육성에 적합하며, 학습자의 자기 주도성과 소통·협력을 이끄는 교과용 도서 개발
- 교육과정을 충실히 구현하는 교과용 도서
- 미래사회가 요구하는 핵심역량을 갖춘 창의적·혁신적 인재 육성에 적합한 교과용 도서
- 실생활 맥락에서 학습자의 삶과 성장을 지원하고, 자기 주도적 학습이 용이한 참신하고 질 높은 교과용 도서

(3) 주요 내용
가) 교육과정을 충실히 구현하는 교과용 도서 편찬
 − 추구하는 인간상
- 전인적 성장을 바탕으로 자아정체성을 확립하고 자신의 진로와 삶을 스스로 개척하는 자기 주도적인 사람
- 폭넓은 기초 능력을 바탕으로 진취적 발상과 도전을 통해 새로운 가치를 창출하는 창의적인 사람
- 문화적 소양과 다원적 가치에 대한 이해를 바탕으로 인류 문화를 향유하고 발전시키는 교양 있는 사람
- 공동체 의식을 바탕으로 다양성을 이해하고 서로 존중하며 세

계와 소통하는 민주시민으로서 배려와 나눔, 협력을 실천하는 더불어 사는 사람
- 교과 교육과정의 구현
  ○ 교과의 성격과 목표, 내용 체계와 성취기준을 충실하게 구현
  ○ 교과의 특성을 반영하여 다양한 교수·학습 및 평가 적용
  ○ 학생의 발달 단계를 고려하여 내용 수준과 학습량 적정화
  ○ 교과 교육과정 내용을 바탕으로 학습의 개별화가 가능한 학습 자료 제공
  ○ 학생의 능력과 적성, 진로를 고려하여 교육 내용과 교수·학습 방법을 다양화

나) 미래사회가 요구하는 핵심역량을 갖춘 창의적·혁신적 인재 육성에 적합한 교과용 도서 편찬
- 미래사회가 요구하는 핵심역량과 기초소양 함양이 가능하도록 편찬
  ○ 배려, 소통, 협력, 존중, 공동체 의식 등을 중심으로 포용성과 시민성을 기를 수 있도록 개발
  ○ 공감적 이해, 문화적 감수성 등을 바탕으로 삶의 의미와 방향을 탐색하고 심미적 감성을 기를 수 있도록 개발
  ○ 디지털 전환, 기후·생태환경 변화 등의 미래사회 변화에 대응하는 능력과 소양 함양이 가능하도록 개발
- 창의적·혁신적으로 사고하고 행동하는 인재를 육성할 수 있도록 편찬
  ○ 비판적 사고력과 문제 해결력 등 지식정보처리 역량을 함양할 수 있는 교육 내용 제시

○ 학습의 과정, 융합적인 사고, 문제 해결 과정을 중시하는 다양한 교수·학습 활동 및 평가 제시
　　○ 범교과 학습 주제를 관련 교과목과 연계하여 다양하고 창의적인 경험을 제공하도록 개발
다) 실생활 맥락에서 학습자의 삶과 성장을 지원하며 자기 주도적 학습이 용이한 참신하고 질 높은 교과용 도서 편찬
－ 일상생활과 연계되어 학습자의 삶과 성장을 지원할 수 있도록 편찬
　　○ 생활 경험을 반영한 내용 구성으로 학생의 흥미와 동기를 유발하도록 개발
　　○ 학생의 삶과 성장을 지원하고 실생활에 응용할 수 있도록 실용성 및 유용성을 고려하여 개발
　　○ 다양한 현상과 사례, 직간접적 체험을 중심으로 진로와 적성을 탐색할 수 있도록 개발
－ 이해하기 쉽고 재미있으며 학생의 자기 주도적 학습을 지원하도록 편찬
　　○ 교과의 핵심적이며 필수적인 교육 내용을 중심으로 자기 주도적 학습이 가능하도록 개발
　　○ 학생들이 스스로 학습하고 과제를 해결할 수 있는 다양한 교수·학습 활동 및 평가 제시
　　○ 다양하고 참신한 디자인과 구성을 통해 학생들이 이해하기 쉽도록 개발

2) 공통 편찬상의 유의점

(1) 헌법 이념과 가치의 존중
- ○ 교육 내용은 헌법의 이념과 가치 및 기본원리를 준수해야 한다.
- ○ 대한민국의 정통성과 국가 체제, 대한민국의 자유민주적 기본 질서와 이에 입각한 평화 통일 정책을 부정하거나 왜곡·비방하는 내용이 담기지 않아야 한다.
- ○ 대한민국의 영토가 한반도와 그 부속 도서임을 부정하거나 왜곡·비방하는 내용이 담기지 않아야 한다.
- ○ 대한민국의 국가 상징을 부정하거나 왜곡·비방하는 내용이 담기지 않아야 한다.

(2) 교육의 중립성 유지
- ○ 교육 내용은 교육 본래의 목적에 따라 그 기능을 다하고, 정치적·파당적 또는 개인적 편견을 전파하기 위한 방편으로 이용되지 않도록 공정하고 교육적으로 다루어야 한다.
- ○ 교육 내용은 특정 국가, 인종, 민족, 정당, 종교, 인물, 기관, 상품 등을 선전하거나 비방해서는 아니되며, 남녀의 역할, 장애, 직업 등에 대한 편견이 없도록 하여야 한다.
- ○ 사회적 약자를 비방하거나 품위를 손상하는 내용, 편견을 조장하는 내용이 담기지 않도록 한다.

(3) 교육과정의 구현 및 목표 진술
- ○ 교육과정에 제시된 인간상, 구성의 중점, 교육 목표를 충실히 구현하여야 한다.
- ○ 해당 교과 학습을 통하여 학생이 궁극적으로 달성하여야 할 학습 목표를 학습자 관점에서 진술하여야 한다.

○ 구체적인 하위 목표는 학생이 학습 후 도달해야 할 성취기준을 중심으로 진술하여야 한다.

(4) 내용의 선정 및 조직

○ 교육 내용은 해당 교과 교육과정의 성격과 목표, 내용 체계 및 성취기준, 교수·학습 및 평가 등에 제시된 사항을 충실히 반영하여 선정한다.

○ 교육 내용은 수준과 범위, 학습량 등의 적정화를 고려하여 선정한다.

○ 학습자의 흥미와 관심을 유발하고 일상생활과 연계되거나 실생활에 적용하기 용이한 주제, 제재, 소재 등을 선정한다.

○ 교육 내용은 진로연계교육 활성화를 고려하여 진로에 대한 학습자의 동기 및 능동적인 학습 참여를 유도할 수 있도록 선정한다.

○ 교육 내용은 해당 교과의 교육과정 시간 또는 학점 배당 기준에 맞추어 조직하되, 초·중학교의 경우 학교자율시간 운영에 활용될 수 있음을 고려한다.

○ 교육 내용은 학습자가 창의성을 함양할 수 있도록 참신한 주제, 제재, 소재를 활용하여 구성한다.

○ 학습 목표와 내용, 교수·학습 활동과 방법은 학년 간, 학기 간의 계열성과 교과 간의 관련성을 고려하여 조직하되, 지나친 학습 내용의 중복이나 내용 전개상의 논리적인 비약이 없도록 유의한다.

○ 교과서의 단원은 교수·학습 과정을 고려하여 교과의 특성과 단원의 성격에 적합하게 구성한다.

○ 교과서의 단원은 학습자가 자기주도적으로 학습할 수 있도록

구성하며, 학습 목표에 따라 계획, 조절, 점검, 성찰할 수 있는 학습 활동 등으로 조직한다.

(5) 교과용도서 편찬 관련 법령의 준수
  ○ 교육기본법, 초·중등교육법 및 동법 시행령, 교과용도서에 관한 규정 등 교과용도서 편찬 관련 법령을 준수하여야 한다.
  ○ 저작권, 산업재산권 등 지식재산권과 관련하여, 저작권자의 표시와 같은 최신의 관련 법령을 따른다.

(6) 표기와 인용의 정확성
  ○ 주요 개념은 관련 학계에서 통설로 인정하는 것이어야 한다.
  ○ 사진, 삽화, 통계, 도표 및 각종 자료 등은 공신력 있는 최근의 것으로서 교과 내용에 적절한 것을 선정하고, 인용한 모든 자료는 출처를 명확하게 밝힌다.
  ○ 교과용도서의 표기·표현은 교육과정, 최신 편수자료, 최신 어문 규정, 표준국어대사전(국립국어원)을 참조하여, 일관성 있게 기술한다.
  ○ 통계 도표, 지도 등의 자료는 공신력 있는 기관에서 발행하는 것을 활용하되, 자료 간에 차이가 있는 경우 해당 도서 내에서는 하나의 자료를 선택하여 일관되게 적용되도록 한다.
  ○ 계량 단위 등은 국가표준기본법 등 관련 법규에 따르는 것을 원칙으로 한다.
  ○ 의미의 정확한 전달을 위하여 교육 목적상 필요한 경우 괄호 안에 한자나 외국 문자를 병기할 수 있다.

(7) 기타 사항
  ○ 연계 도서의 경우 교육 내용이 서로 유기적으로 구성되도록 교

과용도서를 개발한다.

◦ 판형, 지질, 색도 등 외형 체제는 교과별 특성을 고려하여 자율적으로 구성하되, 본문 용지는 기존 교과서 용지(75g±3g)로 한정한다. 교과 내용과 부합되는 양질의 사진·삽화를 사용하고 다양한 편집 디자인 기법을 활용하여 학습 동기를 유발하고 흥미를 높이도록 한다.

◦ (일반) 교과목의 활동지나 부록의 활용은 최소화하되, 교과 및 학년 특성을 고려한다.

◦ 멀티미디어, 인터넷 웹 주소 등을 활용할 경우 관련 법규를 준수하여 다양하게 활용하되, 공공 기관이나 단체에서 개설한 웹사이트 등을 활용한다.

3) 2022 개정 교육과정에 따른 구분 고시

교육과정에 따른 교과용 도서의 종류는 교과용 도서 구분 고시를 통해 확인할 수 있다. 이는 교육부장관이 어떤 교과의 교과용 도서를 국정·검정·인정도서 중 어떤 것으로 할지 정하여 고시하는 것이다. 2022 개정 교육과정에 따른 교과용 도서 구분 고시를 살펴보면, 국정 68종, 검정 153종, 인정 718종으로 총 939종이다. '초·중등학교 교과용 도서 국·검정도서 구분 고시'는 '국가법령정보센터-행정규칙'에서 확인할 수 있다. 2022 개정 교육과정에 따른 교과용 도서 적용 시기는 초등학교 1, 2학년은 2024년 3월 1일부터, 초등학교 3, 4학년, 중학년 1학년, 고등학교 1학년은 2025년 3월 1일부터, 초등학교 5, 6학년, 중학교 2학년, 고등학교 2학년은 2026년 3월 1일, 중학교 3학년, 고등학교 3학년은 2027년 3월 1일부터이다.

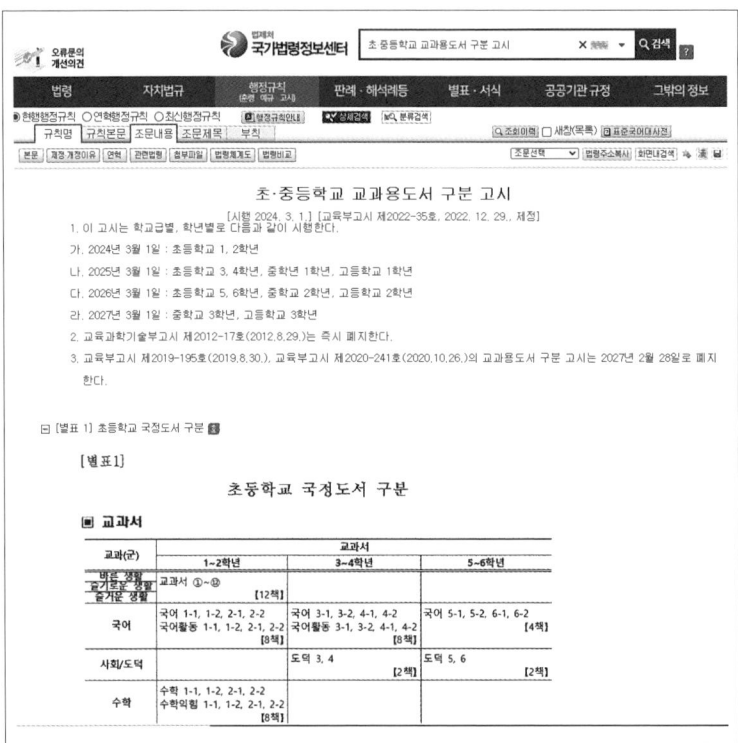

[그림 9] 초·중등학교 교과용 도서 구분 고시 일부

제5장 교과서 개발 알아보기

교과서[3] 개발 절차는 국·검·인정 교과서에 따라 조금씩 차이가 있으나 전체적인 측면에서는 유사하다고 할 수 있다. 기본적으로 국정도서는 교육부 개발, 검정도서는 출판사 개발, 인정도서는 출판사, 시·도교육청 및 학교에서 개발한다. 교과서 개발을 위한 일반적인 절차는 [그림 10]과 같다.

절차	교육과정 고시	교과용 도서 구분 고시	교과용 도서 개발 기본 계획 수립	교과용 도서 개발·심의	교과용 도서 보급 및 채택 활용
주체	교육부	교육부	교육부	편찬기관 위탁기관 출판사 시·도 교육청 학교 저작자	출판사 학교

[그림 10] 교과서 개발 절차

교과서 종류별 개발 절차를 살펴보기 전에 먼저 이와 관련된 용어를 살펴볼 필요가 있다. 교과서 개발, 심사, 보급 단계와 관련된 용어를 정리하면 아래와 같다.

---

3) 교과용 도서가 교과서와 지도서를 포함하는 개념이지만, 이 장에서는 교과용 도서와 교과서를 같은 개념으로 기술한다.

- 편찬 : 교과용 도서를 집필하거나 디자인하여 만들어 내는 것
- 발행 : 교과용 도서를 인쇄하여 배부하는 것
- 원고본 : 집필진 초안
- 개고본 : 현장 검토본 구성을 위한 수정안
- 현장검토본(심의본) : 현장 적합성 검토를 위한 시범 교과서
- 수정본(심의본) : 현장 적합성 검토 이후 심의자료
- 감수본 : 국립국어원 등 관계기관에 감수를 위한 심의자료
- 결재본 : 교육부 담당자 최종 점검을 위한 자료
- 최종본 : 결재를 득한 완성본
- 신간본 : 개발 완료 이후에 처음으로 공급되는 교과용 도서
- 기간본 : 신간본 이후 2년차부터 공급되는 교과용 도서

1. 국정도서 개발 절차

1) 국정도서 개발 절차

국정도서의 개발 절차는 [그림 11]과 같다.

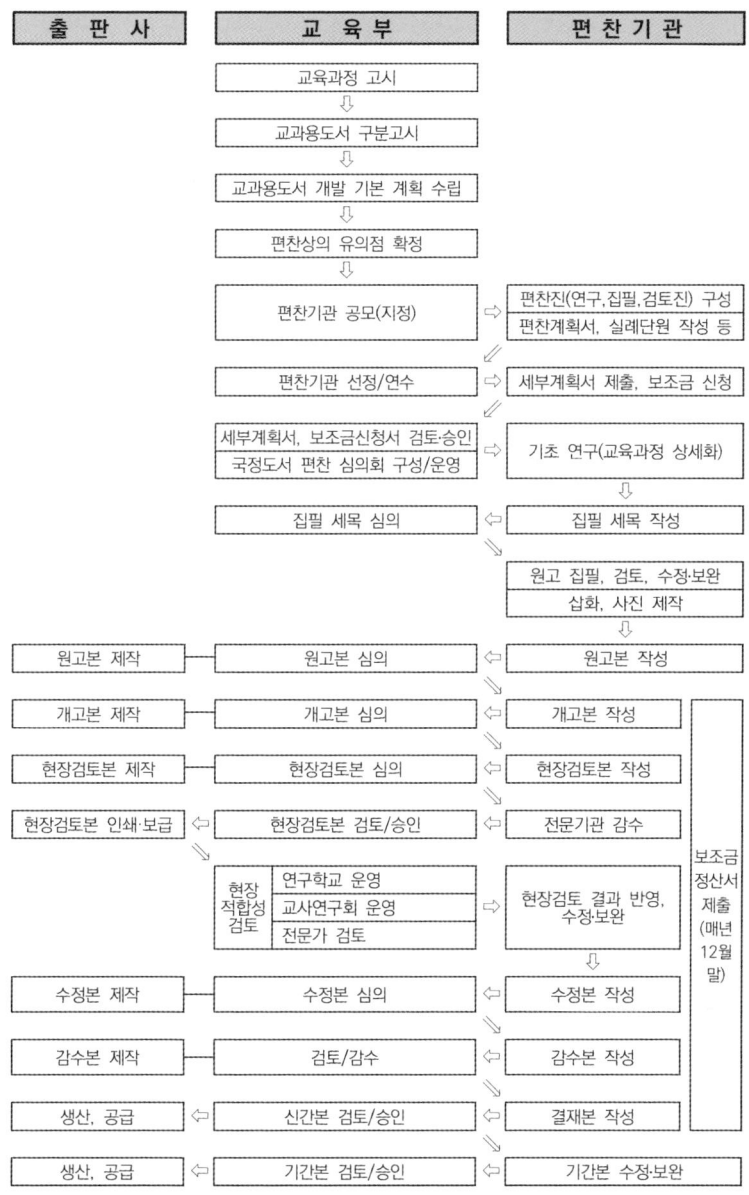

[그림 11] 국정도서 개발 절차

국정도서의 개발은 교육부에서 교과용 도서 구분 고시 후 기본 계획을 수립 하는 것에서 시작된다. '국정도서 개발 기본 계획'에는 개요, 편찬상의 유의점, 편찬 기관 공모 및 선정, 교과용도서 심의회 구성·운영, 현장 적합성 검토 학교 운영, 소요 예산, 편찬 업무 안내, 검토 및 수정·보완 등의 내용이 포함된다. '교과용 도서에 관한 규정' 제5조에 따르면, "국정도서는 교육부가 편찬한다. 다만, 교육부장관이 필요하다고 인정하는 국정도서는 연구기관 또는 대학 등에 위탁하여 편찬할 수 있다."라고 되어 있다. 따라서 개발 계획 수립 후, 교과서를 개발하는 편찬기관을 선정한다. 편찬기관 선정은 공모를 통해 이루어진다.

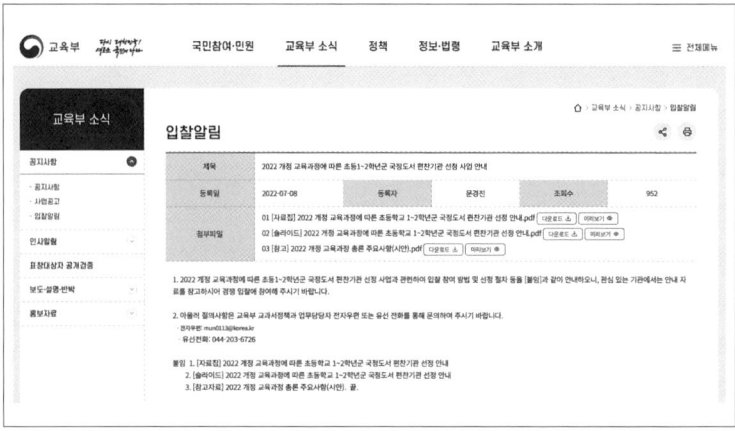

[그림 12] 2022 개정 교육과정에 따른 초등 1~2학년군 국정도서 편찬기관 선정 사업 알림(교육부 누리집, https://www.moe.go.kr)

편찬기관에서는 교과서 개발에 필요한 기초 연구를 수행한다. 현행 교육과정과 교과서를 분석하여 장단점을 찾고 학생, 학부모, 교사의 요구를 분석하는 일 등이 기초 연구의 일부이다. 기초 연구를 토대로 교과서를 집필하고 제작한 후 교육부의 심의를 받게 된다. 심의 결과를 반영하여 수정과정을 거치며 현장 검토본을 제작하여 현장 적합성을 검토한다. 현장 적합성 검토의 과정은 검정·인정도서 개발 과정에 나타나지 않은 국정도서 편찬 과정의 주요한 특징이다. 현장 적합성 검토란 교과용 도서를 최종적으로 확정하기 이전에 학교 현장에서 실제 사용해 봄으로써 교과용 도서 편찬 방향과의 일치 여부를 확인하고, 오류를 사전에 찾아 수정·보완하는 과정이다(이광성, 2017, p. 89). 현장 적합성 검토 결과를 반영하여 편찬기관은 수정하고, 이를 교육부에서 심의한 후 승인하는 과정을 거친다. 엄밀한 의미에서 국정도서 편찬과 관련된 단계는 계획 및 위탁부터 심의 및 수정까지라고 볼 수 있다.

2) 2022 개정 교육과정에 따른 국정 개발 대상 도서

【초등학교】

교과(군)		교과서	지도서
통합	바른 생활 슬기로운 생활 즐거운 생활	주제별 교과서 12책 (※ '안전' 포함) 【12책】	학기별 지도책 4책 (※ 전자저작물 USB 포함) 【4책】
국어		국어(1~2학년군) 1-1, 1-2, 2-1, 2-2 국어(3~4학년군) 3-1, 3-2, 4-1, 4-2 국어(5~6학년군) 5-1, 5-2, 6-1, 6-2 국어활동(1~2학년군) 1-1, 1-2, 2-1, 2-2 국어활동(3~4학년군) 3-1, 3-2, 4-1, 4-2 【20책】	국어(1~2학년군) 1-1, 1-2, 2-1, 2-2 국어(3~4학년군) 3-1, 3-2, 4-1, 4-2 국어(5~6학년군) 5-1, 5-2, 6-1, 6-2 (전자저작물 포함) 【12책】
사회/도덕		도덕(3~4학년군) 3, 4 도덕(5~6학년군) 5, 6 【4책】	도덕(3~4학년군) 3, 4 도덕(5~6학년군) 5, 6 (전자저작물 포함) 【4책】
수학		수학(1~2학년군) 1-1, 1-2, 2-1, 2-2 수학익힘(1~2학년군) 1-1, 1-2, 2-1, 2-2 【8책】	수학(1~2학년군) 1-1, 1-2, 2-1, 2-2 (전자저작물 포함) 【4책】
총계		44책	24책

2. 검정도서 개발 절차

1) 검정도서 개발 및 보급 절차

검정도서는 교육과정 개정과 교과용 도서 구분 고시 이후 교육부에서는 교과용도서 개발 기본계획 및 검정기본계획을 수립한다. 이후 '행정권한의 위임 및 위탁에 관한 규정] 제22조제7항, 제45조제3항, 제4항, 제10항에 의거하여 검정에 관한 내용을 위탁한다. 도서별 검정도서 위임·위탁 기관은 〈표 7〉과 같다.

〈표 7〉 검정도서 위임·위탁 기관

대상 도서	기관명
수학, 과학, 경제 외 교과	한국교육과정평가원
수학, 과학 교과	한국과학창의재단
경제 교과	한국개발연구원

검정도서 위탁 기관에서는 검정 실시를 공고하고 편찬상의 유의점 및 검정기준을 개발하며, 검정 기준 등 설명회를 개최한다. 검정도서 개발을 위한 편찬상의 유의점 및 검정기준은 도서별 위탁 기관 누리집에서 확인할 수 있다.

검정도서의 개발 절차는 [그림 13]과 같다.

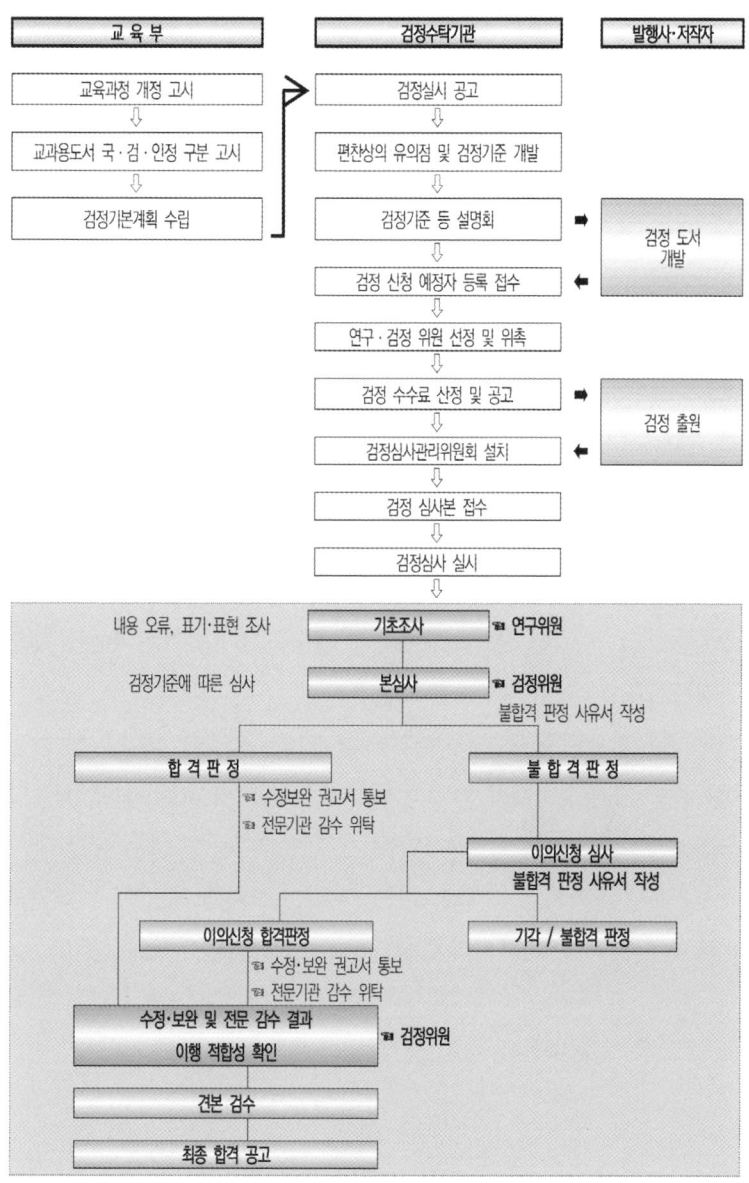

[그림 13] 검정도서 개발 절차

검정 기준 등 설명회 이후 교과서 발행자·저작자는 검정도서 개발에 대한 검정 신청 예정자 등록을 하고 검정 공고에 고시한 편집진 구성에 따라 저자 섭외 등을 한다. 저자가 결정되면 연구진과 집필진이 교육과정 해설집, 편찬상의 유의점, 검정 기준에 제시된 목표, 내용, 방법, 평가 기준 등을 숙지 한 후 검정 교과서 개발에 착수한다. 대게 검정 공고가 1년 6개월 전에 나오기 때문에 이를 기점으로 교과서 제작이 시작된다고 할 수 있다.

검정 심사는 연구위원의 기초조사(내용조사, 국어표기, 편집 디자인, 어휘검색 등)와 검정위원의 본 심사로 이루어진다. 검정 기준 및 내용 오류 등에 대한 1차 심사를 통해 수정·보완 지시가 내려지며, 2차 심사를 하여 수정·보완 이행여부 및 전문기관 감수 결과를 확인한 후 최종 합격여부를 결정한다. 심사에서 불합격할 경우 이의신청을 할 수 있으며, 심사를 통해 통과를 결정하거나 기각하여 불합격을 결정하기도 한다.

이러한 절차를 통해 최종 합격한 교과서는 선정을 위해 일정 기간 전시하고 개별 출판사 중심의 발행이 이루어 진다. 단위 학교장은 교육정보시스템을 이용하여 1학기에 사용될 교과용 도서는 해당 학기 개시 6개월 전까지, 2학기에 사용될 교과용 도서는 해당 학기 개시 4개월 전까지 해당 교과서의 발행자 또는 그 대리인에게 주문한다. 발행 절차는 대체로 ① 주문 및 집계, ② 생산 부수 책정, ③ 생산발주, ④ 입고 등의 순서를 거친다.

2) 2022 개정 교육과정에 따른 검정 개발 대상 도서
(1) 초등학교

교과(군)	교과서	지도서
사회/도덕	사회(3~4학년군) 3-1, 3-2, 4-1, 4-2 사회(5~6학년군) 5-1, 5-2, 6-1, 6-2 사회과 부도 5~6 【9책】	사회(3~4학년군) 3-1, 3-2, 4-1, 4-2 사회(5~6학년군) 5-1, 5-2, 6-1, 6-2 (전자저작물 포함) 【8책】
수학	수학(3~4학년군) 3-1, 3-2, 4-1, 4-2 수학(5~6학년군) 5-1, 5-2, 6-1, 6-2 수학익힘(3~4학년군) 3-1, 3-2, 4-1, 4-2 수학익힘(5~6학년군) 5-1, 5-2, 6-1, 6-2 【16책】	수학(3~4학년군) 3-1, 3-2, 4-1, 4-2 수학(5~6학년군) 5-1, 5-2, 6-1, 6-2 (전자저작물 포함) 【8책】
과학	과학(3~4학년군) 3-1, 3-2, 4-1, 4-2 과학(5~6학년군) 5-1, 5-2, 6-1, 6-2 실험관찰(3~4학년군) 3-1, 3-2, 4-1, 4-2 실험관찰(5~6학년군) 5-1, 5-2, 6-1, 6-2 【16책】	과학(3~4학년군) 3-1, 3-2, 4-1, 4-2 과학(5~6학년군) 5-1, 5-2, 6-1, 6-2 (전자저작물 포함) 【8책】
예술 (음악/미술)	음악(3~4학년군) 3, 4 음악(5~6학년군) 5, 6 【4책】	음악(3~4학년군) 3~4 음악(5~6학년군) 5~6 (전자저작물 CD 포함) 【2책】
	미술(3~4학년군) 3, 4 미술(5~6학년군) 5, 6 【4책】	미술(3~4학년군) 3~4 미술(5~6학년군) 5~6 【2책】
실과	실과(5~6학년군) 5, 6 【2책】	실과(5~6학년군) 5, 6 【2책】
체육	체육(3~4학년군) 3, 4 체육(5~6학년군) 5, 6 【4책】	체육(3~4학년군) 3, 4 체육(5~6학년군) 5, 6 【4책】
영어	영어(3~4학년군) 3, 4 영어(5~6학년군) 5, 6 【4책】	영어(3~4학년군) 3, 4 영어(5~6학년군) 5, 6 (전자저작물 포함) 【4책】
총계	59책	38책

(2) 중학교

교과(군)	교과서	
국어	국어 1-1, 1-2, 2-1, 2-2, 3-1, 3-2	【6책】
사회(역사/도덕 포함)	사회 ①, ② 사회과 부도 역사 ①, ② 역사 부도 도덕 ①, ②	【8책】
수학	수학 1, 2, 3	【3책】
과학/기술·가정/정보	과학 1, 2, 3	【3책】
영어	영어 1, 2, 3	【3책】
총계	23책	

(3) 고등학교

교과(군)	교과서	
	공통 과목	일반 선택
국어	공통국어1 공통국어2 【2책】	화법과 언어 독서와 작문 문학 【3책】
수학	공통수학1 공통수학2 【2책】	대수 미적분 I 확률과 통계 【3책】
영어	공통영어1 공통영어2 【2책】	영어 I 영어 II 영어 독해와 작문 【3책】
사회(역사/도덕 포함)	한국사1 한국사2 통합사회1 통합사회2 【4책】	세계시민과 지리 지리 부도 세계사 역사 부도 사회와 문화 현대사회와 윤리 【6책】
과학	통합과학1 통합과학2 과학탐구실험1 과학탐구실험2 【4책】	물리학 화학 생명과학 지구과학 【4책】
총계	14책	19책
	33책	

3. 인정도서 개발 절차

'교과용 도서에 관한 규정' 제40조제1항에 의하여 인정도서의 인정, 인정취소, 수정, 가격 조정 등의 권한이 교육감에게 위임되어 있다. 이에 시·도교육청 인정도서 공동관리위원회에서는 업무 경감을 위하여 교과서별로 시·도교육청이 심의 및 개발 업무를 분담하고 있다. 2022 개정 교육과정에 따른 인정도서 시·도교육청 분담 세부 내역은 아래와 같다.

※ 굵은 글씨 표시 : 분할인정(2025년도 심의 및 2026년부터 적용) 과목 교과서(23책)

□ 서울특별시교육청(57책)

구분		교과서
중학교	교과서(2)	생활 프랑스어 / 보건
고등학교	보통교과 (25)	체육1 / 체육2 / 운동과 건강 / **스포츠 문화** / **스포츠 과학** / 스포츠 생활1 / 스포츠 생활2 / 연극 / 프랑스어 / 프랑스어 회화 / **심화 프랑스어** / 프랑스어권 문화 / 인간과 철학 / 보건 / 인간과 경제활동 / 무용의 이해 / **무용과 몸** / **무용 감상과 비평** / 연극과 몸 / 연극과 말 / 연기 / **연극 감상과 비평** / 영화의 이해 / **영화 감상과 비평** / 무용과 매체
	전문교과 (30)	디지털과 직업 생활 / 금융 일반 / 보험 일반 / 비즈니스 커뮤니케이션 / 보육 원리와 보육 교사 / 보육 과정 / 아동 생활 지도 / 아동 복지 / 보육 실습 / 영유아 교수 방법 / 문화 콘텐츠 산업 일반 / 영상 제작 기초 / 디자인 일반 / 관광 일반 / 관광 서비스 / 건설 재료 / 역학 기초 / 드론 기초 / 기계 제도 / 기계 일반 / 자동차 일반 / 냉동 공조 일반 / 자동차 기관 / 자동차 섀시 / 섬유 재료 / 패션 소재 / 전기 회로 / 스마트 공장 일반 / 스마트 공장 운용 / 스마트 공장 설계와 구축

□ 부산광역시교육청(21책)

구분		교과서
중학교	교과서(1)	생활 독일어
고등학교	보통교과 (6)	인문학과 윤리 / 독일어 / 독일어 회화 / **심화 독일어** / 독일어권 문화 / 사진의 이해
	전문교과 (14)	미디어 콘텐츠 일반 / 관광 문화와 자원 / 관광 콘텐츠 개발 / 전시·컨벤션·이벤트 일반 / 레저 서비스 일반 / 공업 일반 / 기초 제도 / 해양 오염·방제 / 해사 일반 / 해사 법규 / 선화 운송 / 항만 물류 일반 / 해사 영어 / 선박 전기·전자

□ 대구광역시교육청(24책)

구분		교과서
고등학교	보통교과 (10)	직무 의사소통 / 역학과 에너지 / 전자기와 양자 / 세포와 물질대사 / 생물의 유전 / 과학의 역사와 문화 / 논술 / 고급 생명과학 / 생명과학 실험 / **문학 감상과 비평**
	전문교과 (14)	치과 간호 임상 실무 / 디자인 제도 / 식품 과학 / 건축 기초 실습 / 건축 도면 해석과 제도 / 세라믹 재료 / 화공 플랜트 기계 / 화공 플랜트 전기 / 섬유 공정 / 염색·가공 기초 / 편물 / 전기·전자 측정 / 생명 공학 기술 / 발명과 기업가 정신

□ 인천광역시교육청(23책)

구분		교과서
중학교	교과서(1)	생활 중국어
고등학교	보통교과 (9)	역사로 탐구하는 현대 세계 / 윤리 문제 탐구 / 기후 변화와 지속가능한 세계 / 중국어 / 음악과 문화 / 미술과 사회 / 연극과 삶 / 영화와 삶 / 사진과 삶
	전문교과 (13)	식품 가공 기술 / 토목 도면 해석과 제도 / 컴퓨터 시스템 일반 / 컴퓨터 네트워크 / 해양 레저 관광 / 요트 조종 / 항해 기초 / 선박 운용 / 항해사 직무 / 열기관 / 선박 보조 기계 / 기관 실무 기초 / 기관 직무 일반

□ 광주광역시교육청(25책)

구분		교과서
중학교	교과서(2)	체육① / 체육②
고등학교	보통교과 (9)	기본수학1 / 기본수학2 / 경제 수학 / 인공지능 수학 / 직무 수학 / 로봇과 공학세계 / 인공지능 기초 / 데이터 과학 / 소프트웨어와 생활
	전문교과 (14)	노동 인권과 산업 안전 보건 / 인간 발달 / 생활 서비스 산업의 이해 / 조형 / 색채 일반 / 식품과 영양 / 식음료 기초 / 컴퓨터 구조 / 프로그래밍 / 알고리즘 설계 / 인공지능 일반 / 사물 인터넷과 센서 제어 / 관광 농업 / 원예

□ 대전광역시교육청(17책)

구분		교과서
중학교	교과서(2)	음악① / 음악②
고등학교	보통교과 (9)	기후변화와 환경생태 / 융합과학 탐구 / 음악 / 음악 연주와 창작 / 음악 감상과 비평 / 음악과 미디어 / 고급 물리학 / 물리학 실험 / 정보과학
	전문교과 (6)	사무 관리 / 마케팅과 광고 / 복지 서비스의 기초 / 사회 복지 시설의 이해 / 식품 분석 / 세라믹 원리·공정

□ 울산광역시교육청(14책)

구분		교과서
중학교	교과서(1)	생활 아랍어
고등학교	보통교과 (6)	매체 의사소통 / 윤리와 사상 / 아랍어 / 아랍어 회화 / **심화 아랍어** / 아랍 문화
	전문교과 (7)	성공적인 직업 생활 / 무역 일반 / 선박 이론 / 선체 도면 독도와 제도 / 에너지 공업 기초 / 에너지 화공 소재 생산 / 자동화 설비

□ 세종특별자치시교육청(12책)

구분		교과서
고등학교	보통교과 (12)	정치 / 법과 사회 / 경제 / 국제 관계의 이해 / 사회문제 탐구 / 금융과 경제 생활 / 논리와 사고 / 인간과 심리 / 교육의 이해 / 삶과 종교 / 고급 화학 / 화학 실험

□ 경기도교육청(62책)

구분		교과서
중학교	교과서(3)	미술① / 미술② / 생활 일본어
고등학교	보통교과 (25)	기본영어1 / 기본영어2 / 영미 문학 읽기 / 영어 발표와 토론 / 심화 영어 / **심화 영어 독해와 작문** / 직무 영어 / 실생활 영어 회화 / **미디어 영어** / 세계 문화와 영어 / 미술 / 미술 창작 / 미술 감상과 비평 / 미술과 매체 / 일본어 / **심화 일본어** / 일본 문화 / 스포츠 경기 체력 / 스포츠 경기 분석 / 음악 이론 / 음악사 / 시창·청음 / 미술 이론 / 미술사 / 문예 창작의 이해
	전문교과 (34)	무역 영어 / 창업 일반 / 전자 상거래 일반 / 인체 구조와 기능 / 애니메이션 기초 / 음악 콘텐츠 제작 기초 / 방송 일반 / 건축 일반 / 토질·수리 / 측량 기초 / 스마트 시티 기초 / 건물 정보 관리 기초 / 기계 기초 공작 / 전기·전자 일반 / 디지털 논리 회로 / 전자 제어 / 통신 일반 / 통신 시스템 / 정보 통신 / 정보 처리와 관리 / 인간과 환경 / 환경 화학 기초 / 환경 기술 / 환경과 생태 / 산업 안전 보건 기초 / 농업 경영 / 농산물 유통 / 친환경 농업 / 농업 정보 관리 / 조경 식물 관리 / 화훼 장식 기초 / 농업 기계 공작 / 농업 토목 제도·설계 / 농업 토목 시공·측량

◻ 강원도교육청(19책)

구분		교과서
중학교	교과서(1)	생활 러시아어
고등학교	보통교과 (4)	러시아어 / 러시아어 회화 / **심화 러시아어** / 러시아 문화
	전문교과 (14)	산업 설비 / 재료 일반 / 재료 시험 / 전기 설비 / 전자 회로 / 소방 기초 / 소방 법규 / 소방 건축 / 소방 기계 / 소방 전기 / 산림 휴양 / 산림 자원 / 임산 가공 / 농업 기계

◻ 충청북도교육청(17책)

구분		교과서
중학교	교과서(1)	한문
고등학교	보통교과 (4)	한문 / **한문 고전 읽기** / 언어 생활과 한자 / 스포츠 개론
	전문교과 (12)	공중 보건 / 간호의 기초 / 기초 간호 임상 실무 / 보건 간호 / 보건 의료 법규 / 전자 기계 이론 / 스마트 공정 제어 / 바이오 기초 화학 / 농업 이해 / 생산 자재 / 동물 자원 / 농업 생산 환경 일반

◻ 충청남도교육청(20책)

구분		교과서
중학교	교과서(1)	생활 베트남어
고등학교	보통교과 (12)	**주제 탐구 독서 / 문학과 영상** / 독서 토론과 글쓰기 / 수학과 문화 / 실용 통계 / 도시의 미래 탐구 / 지식 재산 일반 / 베트남어 / 베트남어 회화 / **심화 베트남어** / 베트남 문화 / 이산 수학
	전문교과 (7)	식품 위생 / 기계 기초 역학 / 유체 기계 / 농업 기초 기술 / 반려동물 관리 / 농업 기계 운전 작업 / 잠수 기술

□ 전라북도교육청(22책)

구분		교과서
중학교	교과서(1)	진로와 직업
고등학교	보통교과 (12)	언어 생활 탐구 / 한국지리 탐구 / 여행지리 / 물질과 에너지 / 화학반응의 세계 / 지구시스템 과학 / 행성 우주 과학 / 진로와 직업 / 전문 수학 / 고급 기하 / 고급 대수 / 고급 미적분
	전문교과 (9)	컴퓨터 그래픽 / 공예 일반 / 공예 재료와 도구 / 농산물 거래 / 농업 창업 일반 / 농업용 전기·전자 / 발명·특허 기초 / 발명과 디자인 / 발명과 메이커

□ 전라남도교육청(17책)

구분		교과서
중학교	교과서(1)	생활 스페인어
고등학교	보통교과 (8)	스페인어 / 스페인어 회화 / 중국어 회화 / 일본어 회화 / **심화 스페인어** / **심화 중국어** / 스페인어권 문화 / 중국 문화
	전문교과 (8)	재배 / 해양의 이해 / 수산·해운 산업 기초 / 수산 생물 / 수산 양식 일반 / 수산물 유통 / 양식 생물 질병 / 관상 생물 기초

□ 경상북도교육청(24책)

구분		교과서
중학교	교과서(2)	기술·가정① / 기술·가정②
고등학교	보통교과 (7)	기술·가정 / 생활과학 탐구 / 창의 공학 설계 / 생애 설계와 자립 / 아동발달과 부모 / 고급 지구과학 / 지구과학 실험
	전문교과 (15)	상업 경제 / 회계 원리 / 유통 일반 / 미용의 기초 / 미용 안전·보건 / 기초 조리 / 디저트 조리 / 패션 디자인의 기초 / 의복 구성의 기초 / 패션 마케팅 / 조림 / 곤충 산업 일반 / 전자 통신 운용 / 수산 일반 / 수산 경영

□ 경상남도교육청(23책)

구분		교과서
중학교	교과서(1)	환경
고등학교	보통교과 (8)	동아시아 역사 기행 / 생태와 환경 / 육상 / 체조 / 수상 스포츠 / **스포츠 교육** / **스포츠 생리의학** / **스포츠 행정 및 경영**
	전문교과 (14)	회계 정보 처리 시스템 / 기업 자원 통합 관리 / 자동차 전기·전자 제어 / 선박 구조 / 선박 건조 / 항공기 일반 / 항공기 실무 기초 / 공업 화학 / 제조 화학 / 전기 기기 / 해양 생산 일반 / 어선 전문 / 수산 해양 창업 / 활어 취급 일반

□ 제주특별자치도교육청(12책)

구분		교과서
중학교	교과서(1)	정보
고등학교	보통교과 (3)	기하 / 미적분II / 정보
	전문교과 (8)	기업과 경영 / 세무 일반 / 관광 영어 / 관광 일본어 / 관광 중국어 / 토목 일반 / 자료 구조 / 조경

 인정도서의 심의는 교과용 도서의 구분 고시에 따라 '교과용 도서에 관한 규정' 제14조제1항에 따른 '고시 과목'과 제14조제3항에 따른 '고시 외 과목'으로 나누어 이루어진다. 그 상세 절차는 [그림 14]와 같다.

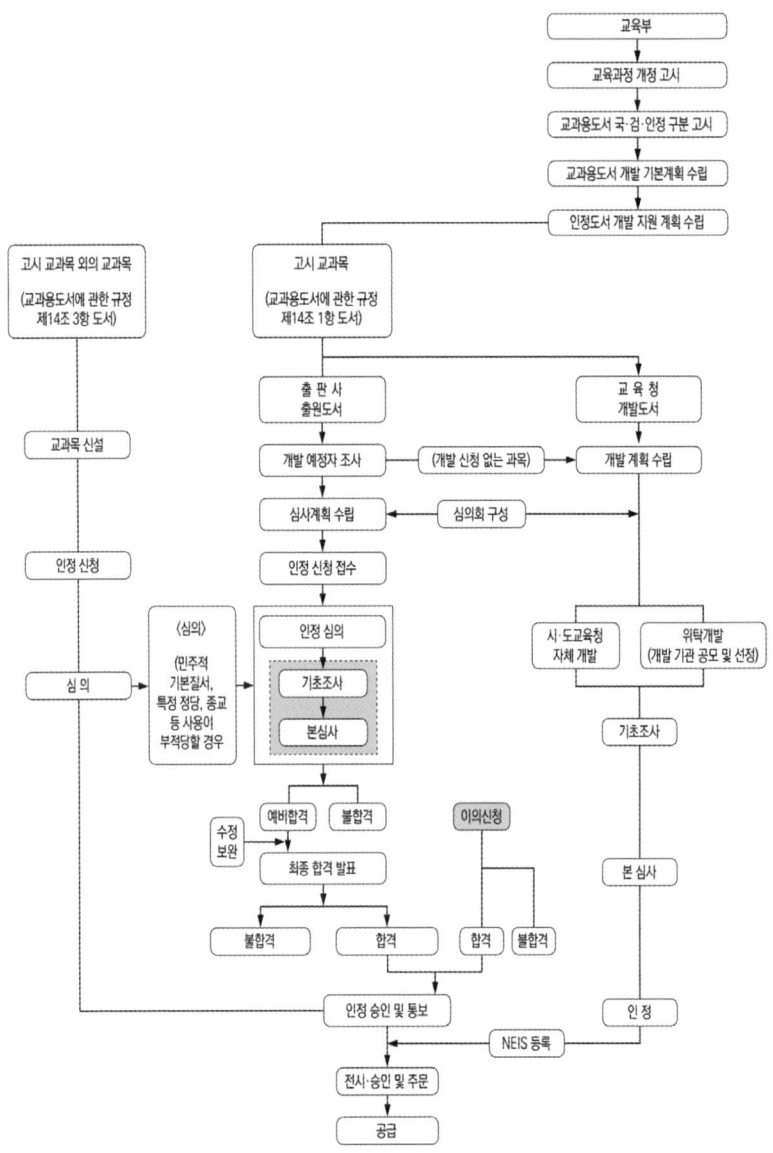

*출처 : 시도 교육청 인정도서 공동 관리 위원회(2018). P. 8.

[그림 14] 인정도서 개발 절차

먼저 '고시 과목'의 개발 및 심의는 출원 도서와 개발 도서로 이원화되어 있다. 출원 도서는 출원을 희망하는 저작자 또는 발행사가 고시 과목의 '편찬상의 유의점 및 인정 기준'을 바탕으로 교과서를 개발하여 심의를 신청하는 경우이고, 개발 도서는 출원을 희망하는 저작자 또는 발행사가 없는 고시 과목의 도서를 인정도서를 담당하는 시·도 교육청이 개발(자체 개발)하거나 개발 기관 공모를 통한 위탁 기관에서 개발(위탁 개발)하는 도서이다. 자체 개발 혹은 위탁 개발을 할 경우 시·교육청 인정도서 공동 관리위원회에서는 효율적이고 안정적인 편찬 및 발행 공급 등을 위한 전담 기관을 공모·선정하기도 한다.

'고시 과목'의 인정도서 개발 및 심의 절차를 살펴보면, 교과용 도서에 관한 구분 고시 이후 인정도서 개발 예정자 조사를 통하여 출원 도서와 개발 도서를 결정하고, 인정도서심의회를 구성하고 학기 시작 전 6개월 전까지 인정 신청을 받는다. 이후 인정도서심의회를 통한 심의 과정을 거쳐 인정 여부를 판단한다. 인정 승인된 도서는 '교육행정정보시스템'에 등록하여 모든 시·도에서 해당 인정도서를 교과용 도서로 사용할 수 있게 된다.

다음으로 '고시 외 과목'은 인정도서 개발을 위한 '과목 신설'이 선행되어야 한다. '학교'는 인정도서를 사용하기 희망하는 학기 시작 전년도에 '과목 신설 승인 요청'을 해야 하며, 과목 신설 승인을 받은 이후에는 인정도서를 학교 자체에서 개발하거나 민간의 저작 도서를 인정도서로 승인받기 위한 신청을 해야 한다. '민간의 저작 도서'에 해당하는 '시중 유통 도서 및 외국 도서'의 경우 "교과서 사용 목적으로 개발한 도서가 아니므로 저자 및 출판사의 수정 협조가 어려우므로, 단위 학교에서 별도의 수정·보완 사항을 제작하여 학교 수업에서 사용"한다는 조항(시·도 교육청 인정도서 공동 관리 위원회, 2018, p. 64)에 따라야 한다. '고시 외 과목'의 인정도서 신청은 반드시 학교 인정도서 추천 위원회 및 학교운영위원회의 심의 과정을 거쳐야 한다. '고시 외 과목'의 인정도서에 대하여도 기초조사, 본심사 및 필요시 이의신청 과정을 거치게 된다.

'고시 과목' 및 '고시 외 과목' 인정도서의 업무 추진 절차에서 공통점은 인정도서가 필요한 상황에서 인정도서를 개발한다는 것과 인정도서의 심의 과정을 거친다는 것이다. 반면, 차이점은 '고시 과목'의 경우에는 출판사의 출원이나 담당 시·도 교육청 자체 또는 위탁으로 교육과정에 따라 교과서가 개발되는 데 비해, '고시 외 과목'은 학교에서 자체 개발하거나 자체 개발이 어려울 경우 민간 저작 도서를 활용할 수 있다는 것이다. 특히 '고시 외 과목'이 단위 학교에서 개설한 교육과정에 따른 교과목으로 인정받기 위해서는 사전에 '과목 신설 승인'의 과정을 거친다는 점, 인정도서의 개발 또는 일반도서의 선정 과정이 학교 교육과정에 적합한지 판단하는 과정이 별도로 이루어진다는 점에서 차이가 있다. 또한 인정도서의 수정·보완도 '고시 과목'은 인정 기관에 의해 이루어질 수 있으나 '고시 외 과목'은 학교에서 자체적으로 이루어져야 한다는 점에서 차이가 존재한다.

위의 인정도서 개발 및 심의 절차에서 언급된 인정도서의 유형을 정리하면 〈표 8〉과 같다.

〈표 8〉 인정도서의 유형과 내용

유형			내용
고시 과목	출원도서		출원사가 개발을 희망하고, 개발 및 심사를 거쳐 교과용 도서로 승인받은 인정도서
	개발 도서	자체 개발 도서	출원사의 출원 의사가 없다고 판단하여 담당 시·도 교육청에서 집필진을 구성하여 자체 개발하고, 심사를 거쳐 교과용 도서로 승인받은 인정도서
		위탁 개발 도서	'자체 개발 도서'와 동일하게 출원사의 출원 의사가 없다고 판단한 경우이면서, 자체 개발보다는 외부 전문 기관 및 외부 전문가에게 위탁하여 개발하는 인정도서. 이 경우 역시 심사를 거쳐야 함
		NCS 학습 모듈	인정도서를 담당하는 시·도 교육청에서 개발하는 것이 아니라, 교육부 차원에서 개발되어 적절성 심사가 이루어진 것으로 단위 학교에서 선정·활용할 경우 별도의 과정 없이 활용되는 인정도서
괴시 외 과목	학교 자체 개발도서		국가 수준의 교육과정 외에 학교 자체적인 교육과정을 개발하여 운영이 필요하다고 판단되는 경우, 별도의 과목 신설 신청과 승인을 거친 다음 학교장 책임하에 집필진을 구성, 교과서를 개발하여 인정 승인을 받는 인정도서
	민간 저작 도서	시중 유통 도서	학교 자체 개발이 불가능할 경우 민간에 유통되는 도서 가운데 학교장이 개설한 교과목에 가장 적절하다고 판단하여 추천한 도서. 이 경우에는 민간이 해당 저작권을 가지고 있으므로 교과용 도서로 선정하고 승인하는 과정에서 저작권 문제, 교과용 도서의 비용 문제, 교과서의 내용 수정 등의 문제에 대해 유의할 필요가 있음
		외국 도서	시중 유통 도서와 유사한 것으로 '외국 도서'에 해당 하는 경우

*출처 : 안종욱 외(2020), p. 79.

제6장 교과서 개발·활용·수정 참여하기

1. 교과서 개발·심의 참여

1) 국정도서 개발에 참여하기

(1) 집필에 참여하기

앞서 언급한 것과 같이 국정도서는 편찬기관에 의해 개발된다. 편찬기관 선정 사업에 관한 안내는 교육부 누리집에서 확인할 수 있고 그 일정은 교육과정 고시 이후 교과서 개발 일정에 따른다.

편찬기관 선정에 참여 가능한 기관은 공고일 기준으로 '국가를 당사자로 하는 계약에 관한 법률 시행령' 제12조에 의한 경쟁 입찰 참가 자격 요건을 갖춘 자 혹은 입찰 참가는 조달청 나라장터에 학술연구용역(업종코드 1169)으로 등록된 자에 한한다. 또 편찬기관의 인력은 교과별로 연구진, 집필진, 검토진 40~80명으로 구성되며 현장 적합성 높은 교과서 개발을 위해 현장 교원을 50%이상 포함하도록 하고 있다(교육부, 2023). 각 인력의 역할을 살펴보면, 연구진은 교과서 개발에 필요한 기초 연구를 수행하고, (교과) 교육학 및 내용학 연구, 현행 및 개정 교육과정 분석을 통한 교과서 집필 방향을 구상하고, 집필진은 학생 발달 단계에 적합한 학습 제재 및 활동 선정, 역량 함양 중심의 학생 맞춤형 교수·학습 및 평가 방법을 구현하고, 검토진은 교과 내용학적 오류 여부를 검토하고 표현·표기 등 오류를 검토한다. 2022 개정 교육과정에 따른 국정 교과용 도서 연구진·집필진·검토진의 자격 기준은 아래와 같다.

연구진·집필진·검토진 등 자격 기준

■ **연구진, 검토진**
- 교육경력10년 이상인 자로 다음 사항 중 하나 이상 해당 되는 자
  - 교과교육연구회·교육과정연구회3년 이상 활동 교원(교장, 교감, 수석교사, 교사) 및 교육전문직원
  - 해당 분야 관련 논문을 최근 3년간 3편 이상 저작·발표한 교원
  - 교과서 집필 및 심의에 3년 이상 참여한 교원
  - 교육과정 개발 및 심의에 참여하여 해당 교과 교육과정에 대한 이해도가 높은 교원
- 전문연구기관의 연구원 경력5년 이상인 자
- 교육학,교과교육학,특수교육학 등 관련 박사학위 소지자로서 연구 활동 경력이 있는 자

■ **집필진**
- 교육경력5년 이상인 자로 다음 사항 중 하나 이상 해당 되는 자
  - 편찬 대상 교과 또는 특수교육 관련 석사학위 이상 소지자
    (※ 예 : 초등교육, 초등 교과교육, 중등 교과교육, 특수교육 등)
  - 교과서 보완(보충)교재, 각종 교육자료, 지역화 교재, 온라인(원격 교육) 콘텐츠 등의 집필 및 개발 경력자

(2) 심의에 참여하기

국정도서는 개발 단계별로 편찬에 관한 사항을 자문, 보완 및 심의를 하여 양질의 교과서를 개발하도록 하고 있다. 이에 교육부는 편찬

기관에서 개발하는 국정도서를 심의하는 교과용도서(편찬)심의회를 구성하여 운영한다. 교과용도서(편찬)심의회는 교육중립성 위원회와 교과별 심의회가 있고, 그 구성은 '① 추천(정부 부처, 교육관련 위원회, 시·도교육청, 대학, 연구기관 등) → ② 후보자 순위 선정(심의위원 선정위원회 개최) → ③ 후보자 명부 작성→ ④ 최종 명단 확정' 순으로 이루어진다. 2022 개정 교육과정에 따른 국정 교과용 도서 심의위원 지원 자격 기준은 아래와 같다.

교과용도서(편찬)심의회 심의위원 지원 자격 기준

○ 교원
 - 조교수 이상의 대학 교원
 - 12년 이상의 교육경력이 있는 유·초·중등학교 교원
○ 산업체나 연구소의 연구경력을 가진 자
 - 연구기관, 학회 및 산업체에서 5년 이상의 근무경력이 있는 연구원
○ 행정기관 또는 교육연구기관에 근무하는 자
 - 행정기관(정부부처, 교육관련 위원회, 시·도교육청 등), 및 교육연구기관에서 근무하는 자 (예 : 교육전문직원 등)
○ 학부모
○ 시민단체*에서 추천한 자
 * 「비영리민간단체지원법」 제2조의 규정에 의한 비영리민간단체
○ 그 밖에 당해 교과목 또는 도서에 관한 학식이 풍부한 자
 - 교육과정·교과서 개발 및 심의위원 경력자

더불어 심의위원으로 지원이 불가한 대상자는 아래와 같다.

- 해당 교과용도서의 편찬위원회(연구진·집필진·검토진)에 본인 또는 가족이 참여 중인 자
- 위원이 해당 교과용도서의 발행자와 공동의 권리자 또는 의무자의 관계에 있는 경우
- 최근 3년 이내 해당 교과용도서 관련 발행자 업체에 근무한 경우
- 직무윤리검증에 위배되는 인사
- 교육중립성위원회와 교과별(국어, 도덕) 심의회는 중복 지원 불가

(3) 현장 적합성 검토에 참여하기

이 밖에도 국정도서 개발에 참여할 수 있는 방법이 있다. 바로 현장 적합성 검토이다. 현장 적합성 검토는 연구학교, 교사 연구회, 전문가 검토로 이루어진다. 교사는 2022 개정 교육과정에 따른 국정도서 현장 적합성 검토 지원단으로 참여할 수 있다. 이에 관한 모집 안내는 교육부 누리집 혹은 각 학교로 발송된 공문을 통해 확인할 수 있다. 현장 적합성 검토 지원단은 교직경력 5년 이상인 초등교사(2023.3.1.일자 기준)이면 누구나 지원 가능하고 역할은 2022 개정 교육과정에 따라 개발 중인 새 교과서의 일부(예: 학기당 2개 단원)를 학교 현장에 적용해보는 등 현장 적합성 검토 후 검토 의견을 작성·제출하는 것이었다. 지원 방법은 지원자가 직접 지원서를 한국교과서연구재단으로 제출하면 된다.

2) 검정·인정도서 개발에 참여하기

(1) 집필에 참여하기

검정도서와 인정도서 중 출원 도서는 저작자·발행사가 개발을 하고, 인정도서 중 자체 개발 도서나 위탁 개발 도서는 시·도교육청 혹은 시·교육청 인정도서 공동 관리위원회에서 공모를 통해 선정한 위탁 기관에서 개발한다. 이 때 검정이나 인정 도서를 개발하는 주체(발행사, 시·도교육청, 위탁 기관 등)는 저작자 요건에 맞춰 개발팀을 구성하는데 그 구성은 주체에 따라 달라진다. 단, 검정도서 신청 자격이나 저작자 요건은 검정도서 위임·위탁 기관(〈표 7〉 참고)의 누리집, 인정도서의 신청 자격이나 저작자 요건은 각 인정도서를 분담하고 있는 시·도교육청 누리집을 통해 확인할 수 있다. 예를 들어

2022 개정 교육과정에 따른 수학·과학 검정도서 신청 자격을 살펴보면 [그림 15]와 같다.

 검정 신청 자격

가. 신청 주체
○ 저작자 또는 발행사 단독 신청하거나 저작자와 발행사 공동 신청
○ 발행사 또는 저작자는 동일한 도서명으로 2종 이내 출원 가능

나. 발행자 요건 : 아래 요건을 모두 충족하여야 함
○ 검정 신청 요건을 충족하는 저작자와 약정을 맺고 이를 서류로 증명할 수 있어야 함
○ 검정에 합격한 발행자(저작자)는 수정·보완, 적기 공급, 교과서 선정의 공정성 제고 등을 위해 교육부장관이 행하는 제반 행정조치를 이행한다는 각서를 제출하여야 함
○ 검정 신청일 기준 교과별 편집인력 및 출판실적 기준을 모두 충족하고 이를 서류로 증명할 수 있어야 함

해당 교과목	편집인력 기준	출판실적 기준
수학	검정출원 교과 관련 편집인력 2명 이상	최근 3년간 2책 이상 출판
과학	검정출원 교과 관련 편집인력 1명 이상	최근 3년간 1책 이상 출판

※ 편집인력은 해당 교과 관련 전공자로서 해당 교과용도서 편집을 담당할 출원사 소속 인력(계약직 포함)이며, 기준일은 검정 신청일임

다. 저작자 요건
○ 검정 신청 요건을 충족하는 발행자와 약정을 맺고 이를 서류로 증명할 수 있으며, 아래 요건을 모두 충족하는 자

- 검정 신청일 현재 교육부 교과용도서심의회 위원 임기 중이 아닌 자
- 2인 이상이 공동 저작하는 경우 그 대표자가 지정되어 있어야 하며, 대표 저자는 한국 국적을 가진 자로 한정함
- 연계 결정 대상 도서의 경우 그 저작자는 동일인이어야 함

○ 검정 신청 요건을 충족하는 발행자와 약정을 맺고 이를 서류로 증명할 수 있으며, 아래 요건을 모두 충족하는 공공기관
 - 공공기관에서 개발하고 저작권이 해당 공공기관에 귀속되는 도서의 경우, 공공기관의 장이 당연직으로서 저작자 대표가 될 수 있음
 - 당연직으로서 저작자 대표가 된 해당 공공기관의 장은 저작자에 대한 인세 지급 대상에서 제외됨
  ※ '공공기관'은 특별법에 의하여 설립된 특수법인, 「공공기관의 운영에 관한 법률」 및 「지방공기업법」의 적용을 받는 공공기관임

> **참고** 검정 신청 관련 기준

▶ 교과 관련 전공자에 대한 구체적 기준

　○ 인정 범위
　　- 정규대학(2, 3, 4년제) 교과 관련 전공 졸업(예정)자(복수·부전공 포함)
　　- 정규대학원 교과 관련 전공 학위자(복수·부전공 포함)
　　　※ 단순 해당 언어권 대학(원) 졸업(학위)자 불인정
　○ 제출 서류 : 졸업(예정) 증명서 또는 최종 학력 증명서

▶ 편집 인력에 관한 구체적 기준

　○ 인정 범위
　　- 한 명의 편집 인력이 한 교과의 편집만을 담당
　　- 다른 학교급 간의 같은 교과의 경우는 한 교과로 인정
　　　※ 다른 직무(인사, 총무, 영업 등)와 편집을 겸하는 경우 편집 인력으로 불인정
　○ 제출 서류 : 재직증명서

▶ 발행사 소속에 대한 인정 범위

　○ 인정 범위
　　- 해당 발행사에 재직하는 직원(계약직 포함)
　　　※ 자회사 소속 및 외부 용역은 불인정

▶ 교과 관련 도서에 대한 구체적 기준

　○ 인정 범위
　　- 한 권의 교과 관련 도서는 학교급 및 교과 신청 책 수에 상관없이 각각의 신청 도서 모두에 '관련 도서'로 인정
　　- 기존에 검정 합격된 연계 도서는 각 권으로 인정
　○ 제출 서류 : 도서 발행 실적 또는 도서 납본 실정

▶ 기준 적용이 모호한 경우

　○ 상시의 각 기준을 적용하여 판단하기 어려운 경우에는 '검정 신청 자격 기준 판정위원회'를 개최하고, 관련 자료를 참조하여 연계성 및 타당성 등을 종합적으로 검토하여 판단
　　※ 예) 도서 발행(납본) 실적상의 도서 제목과 '교과'와의 관련성 여부를 판단하기 어려운 경우

[그림 15] 2022 개정 교육과정에 따른 수학·과학 검정 신청 자격
(2022 개정 교육과정에 따른 2024년 수학·과학 교과용도서
검정 신청 설명회 자료집, 2023.10.27., 일부)

(2) 심의에 참여하기

검정·인정도서의 심의위원은 연구위원(기초조사 위원)과 검정(혹은 인정) 위원(본심사 위원)으로 나뉜다. 검정도서 심의위원에 관한 사항은 검정도서 위임·위탁 기관의 누리집, 인정도서 심의위원에 관한 사항은 교육부나 각 인정도서를 분담하고 있는 시·도교육청 누리집을 통해 확인할 수 있다. 2022 개정 교육과정에 따른 수학·과학 검정도서 심의위원을 예로 검정·인정 도서 심의위원자격 요건과 선정 절차를 살펴보면 [그림 16]과 같다.

심의위원 자격요건

○ 공통 요건 및 결격 사항
 - 교육관이 건전하고 공정하며, 객관적으로 조사 및 심사를 수행할 수 있는 자
 - 비밀 엄수의 의무를 충실히 지킬 수 있는 자
 - 심신 건강하고 장기 합숙이 가능한 자
 - 교과서 판권에 이름 기재를 승인하는 자
 - <u>본인 및 가족(배우자, 형제·자매 직계 존비속) 중 2022 개정 교육과정에 의한 초·중등학교 교과용도서 검·인정 도서의 집필·연구·검토·협의 과정에 참여한 적이 없는 자</u>
 - 최근 5년 이내에 지식 재산권 위배, 성범죄 관련 형사 사건으로 벌금형 이상을 선고 받고 그 형이 확정 등에 해당 사항이 없는 자
 - <u>위촉기간 2년 동안 교과용도서의 집필, 검토, 연구, 협의가 불가하며, 이를 위반할 시에 형사고발 등의 조치에 동의하는 자</u>

○ 위원별 세부 사항
 - 연구위원

구 분	내 용
역할	· 내용 오류 조사 · 표현·표기 오류 조사 · 기초조사 보고서 작성
세부 자격 기준	· 교원(교육전문직 포함), 교과 전문가, 재단 소속 직원 등 검정 대상 도서에 관한 전문지식이 풍부한 자 - 해당 교과 관련 학사학위 소지자로서, 해당 교과 교육 또는 연구 경력 5년 이상 - 해당 교과 관련 석사학위 소지자로서, 해당 교과 교육 또는 연구 경력 3년 이상 - 해당 교과 관련 박사학위 소지자

- 검정위원

구분	내용
역할	· 신청도서의 적격 여부 심사 · 신청도서의 합격 결정 심사 · 수정·보완 및 감수 이행 권고 사항 작성 · 감수 내용 선정 및 결과 확인 · 본심사 운영을 위해 심의위원장이 정하는 기타 사항 등
세부 자격 기준	· 교원(교육전문직 포함), 교과 전문가, 교육행정기관·교육연구기관 근무자 등 검정 대상 도서에 관한 전문지식이 풍부한 자 - 해당 교과 관련 학사학위 소지자로서, 해당 교과 교육 또는 연구 경력 5년 이상 - 해당 교과 관련 석사학위 소지자로서, 해당 교과 교육 또는 연구 경력 3년 이상 - 해당 교과 관련 박사학위 소지자

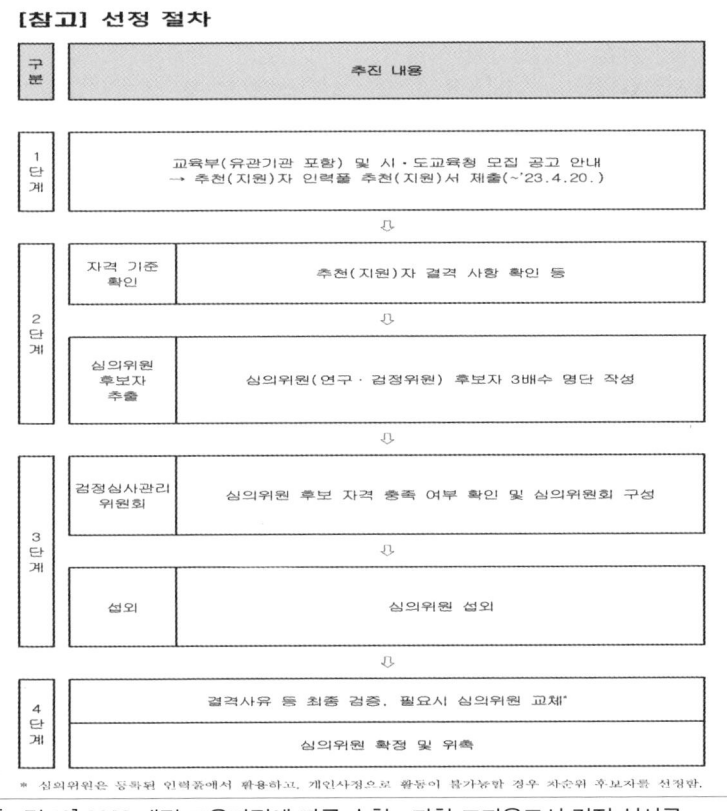

[그림 16] 2022 개정 교육과정에 따른 수학·과학 교과용도서 검정 심사를 위한 심의위원 인력풀 신청 안내 공고문(2023.3.30.) 일부

2. 교과서 선정 참여

1) 검정·인정도서 선정 절차

국정도서는 1종의 도서 밖에 없으므로 개발되면 선정의 절차 없이 각 학교에 배부된다. 하지만 검정·인정 도서의 경우 과목별로 여러 종의 도서가 있을 수 있으므로 학교에서는 선정[4]의 절차를 거치게 된다.

학교의 검정·인정도서 선정 절차를 살펴보면 [그림 17]과 같다.

1단계: 의견수렴 [교과협의회 등]	2단계: 안건 상정 [학교장]	3단계: 심의 [학교운영위원회]	4단계: 확정 [학교장]
학교장이 소속 교원 의견수렴 (교과협의회 등 구성, 평가점수, 순위 제공 등 구체적인 절차 방법은 자율 판단)	→ 교원의 의견을 반영한 교과용도서 선정심의(안)을 작성하여 학교운영위원회에 안건 상정	→ 선정 절차, 기준 등 선정심의(안) 심의 후 심의 결과를 학교장에게 이송	→ 선정 도서 최종 확정 (선정 결과 학교 홈페이지에 공개)

[그림 17] 단위학교의 교과용도서 선정 절차

---

[4] 각 학교가 그 학교에서 사용할 교과용도서를 선정하는 것으로서, 교과협의회 또는 학년별 협의회의 추천과 학교운영위원회 심의를 거쳐 학교장이 최종 확정하는 일련의 절차임
※ 근거:「교과용도서에 관한 규정」제3조 제1항 및 제4항

1단계는 선정하고자 하는 검정·인정도서가 1책 1도서인 경우 불필요하나, 이외의 경우 교과협의회 등을 통해서 의견을 수렴한다. 이 때, 전 교원 참여를 원칙으로 하고 전체 교원의 합의를 통해 대표 교원으로 구성이 가능하다. 단, 대표 교원으로 구성할 경우 객관성, 투명성 확보를 위해 3인 이상을 권장하고 있다. 이후 학생 수준, 지역 및 학교의 여건(동일 교과 및 학년 교사 수 등)을 고려하여 검정·인정도서의 선정기준표를 작성하고 교과별·학년별 협의회를 통해 선정기준 항목별 점수 및 평가 방법을 결정한다. 교과 담당 교사 또는 학년 담당 교사들은 앞서 마련한 선정기준표를 바탕으로 교과용 도서의 수준, 특징 및 장·단점 등을 비교·검토하여 심사를 하고 교과협의회 검토 후 추천 검정·인정도서 및 추천 의견서를 담당 부서에 제출한다. 이를 수합하여 선정심의(안)을 작성하고 학교운영위원회의 안건으로 상정한다.

학교운영위원회에서는 검정·인정도서의 평가기준 및 절차 등의 타당성, 공정성를 심의하는데 이 때, 교과용 도서 선정 관련 이해관계자(저작자, 발행사, 대리점 관계자 등)는 학교운영위원이라도 교과용 도서 선정 심의에 참여할 수 없다. 그 이후 학교장은 학교운영위원회가 정한 심의 결과를 존중하여 교과용 도서를 선정·주문을 하게 된다.

교육부는 검정·인정도서 선정을 지원하기 위해 교과용 도서를 전시한다. 2023년학년도 검인정도서 선정 매뉴얼(교육부 교과서정책과, 2022.8.)에 따르면 대부분의 신간본은 서책형(출판사 사정에 따라 웹전시로 대체 또는 서책+웹전시를 하기도 함)으로 기간본은 웹전시를 하였다. 서책형은 검정도서의 경우 교과서 및 지도서(64p 이내)를 대상 학교에, 인정도서의 경우 교과서를 신청 학교에 배부하였다.

웹전시는 교과서만 대상으로 하였고 검정·인정도서 출원 발행사나 시·도개발 및 정부부처·교과연구회 협업 교과서는 해당 교육청에서 탑재하였다. 웹전시 되는 교과서 확인은 '교과서민원바로처리센터 (www.textbook114.com) - 웹전시 시스템 바로가기 - 개별조회'를 통해 할 수 있다.

2) 선정에 참여하기

위에서 언급한 것과 같이 교사는 각 학교에서 검정·인정도서 선정 시 선정기준표 마련이나 선정기준표에 따른 선정 심의에 참여할 수 있다. 이 때 교사는 본인이 선정 대상 도서의 이해관계자가 아니어야 한다.

3. 교과서 수정 · 보완 참여

교과용 도서의 수정 · 보완은 질 높은 교과서를 만들기 위한 과정 중의 하나이다. 교과용 도서 수정 · 보완에 관한 정의 및 근거는 '교과용 도서에 관한 규정'에서 찾을 수 있다.

[교과용도서에 관한 규정]

제2조(정의)

8. "수정"이라 함은 교육과정의 부분개정이나 그 밖의 사유로 인하여 교과용도서의 문구 · 문장 · 통계 · 삽화등을 교정 · 증감 · 변경하는 것으로서 개편의 범위에 이르지 아니하는 것을 말한다.

제26조(수정) ①교육부장관은 교과용도서의 내용을 수정할 필요가 있다고 인정될 때에는 국정도서의 경우에는 이를 수정하고, 검정도서의 경우에는 저작자 또는 발행자에게 수정을 명할 수 있다.

②제16조의 규정에 의하여 인정도서의 인정을 한 교육부장관은 인정도서의 내용을 검토하여 수정이 필요하다고 인정하는 때에는 당해 인정도서의 저작자에게 수정을 요청할 수 있다.

제40조(권한의 위임 등) ①교육부장관은 '초 · 중등교육법' 제62조에 따라 같은 법 제29조에 따른 교육부장관의 교과용도서에 관한 권한 중 다음 각 호의 권한을 교육감에게 위임한다.

4. 제1호의 규정에 의하여 교육감이 인정한 인정도서에 대한 제26조제2항의 규정에 의한 내용수정의 요청

교과서의 수정이라고 하는 것은 교육과정의 부분 개정이나 그 밖의 사유로 인하여 교과용 도서의 문구·문장·통계·삽화 등을 교정·증감·변경하는 것으로서 개편의 범위에 이르지 아니하는 것을 말하고 개편은 교육과정의 전면 개정 또는 부분 개정이나 그 밖의 사유로 인하여 교과용 도서의 총 쪽수(음반·영상·전자저작물 등의 경우에는 총 수록 내용)의 2분의 1을 넘는 내용을 변경하는 것을 말한다.

교육부 장관은 수정의 필요성이 인정되면 국정도서의 경우에는 이를 자체 수정하고, 검정도서의 경우에는 저작자 또는 발행자에게 수정을 명할 수 있다. 인정도서에 대해 수정할 필요성이 인정이 되면 교육부 장관은 인정도서의 저작자에게 수정을 요청할 수 있다. 다만 이러한 권한은 시·도 교육감에게 위임되어 있어 교육감이 인정도서에 대한 내용 수정 요청의 권한을 행사하게 된다.

1) 교과용 도서 수정·선정 절차

교과용 도서에 관하여 수정 검토를 요청하는 주체는 크게 네 가지로 나누어 볼 수 있다. 첫째, 중앙행정기관, 지방자치단체, 국회의원, 언론 등과 같은 국가·사회적 요구사항이다. 둘째, 편찬기관이나 발행자의 저작자(발행사) 자체 정정이다. 셋째, 교과서민원바로처리센터나 국민신문고로 접수된 교육부 외 기관, 단체, 개인의 민원 요청이다. 넷째, 교과서모니터링단 등에 의한 의견 제안이다.

교과용 도서의 수정·보완 절차를 살펴보면 수정·보완에 관한 요청이 있으면 ① 교과서 집필자(발행사)들이 검토하고, ② 수정·보완할 내용은 교육부나 시·도교육청의 승인을 거쳐 최종 수정이 된다. ③ 이후 수정 승인을 받은 내용은 '교과용 도서 수정·보완 온라인 시스템(www.textbook114.or.kr)'을 통해 즉시 교육 현장에 안내된다.

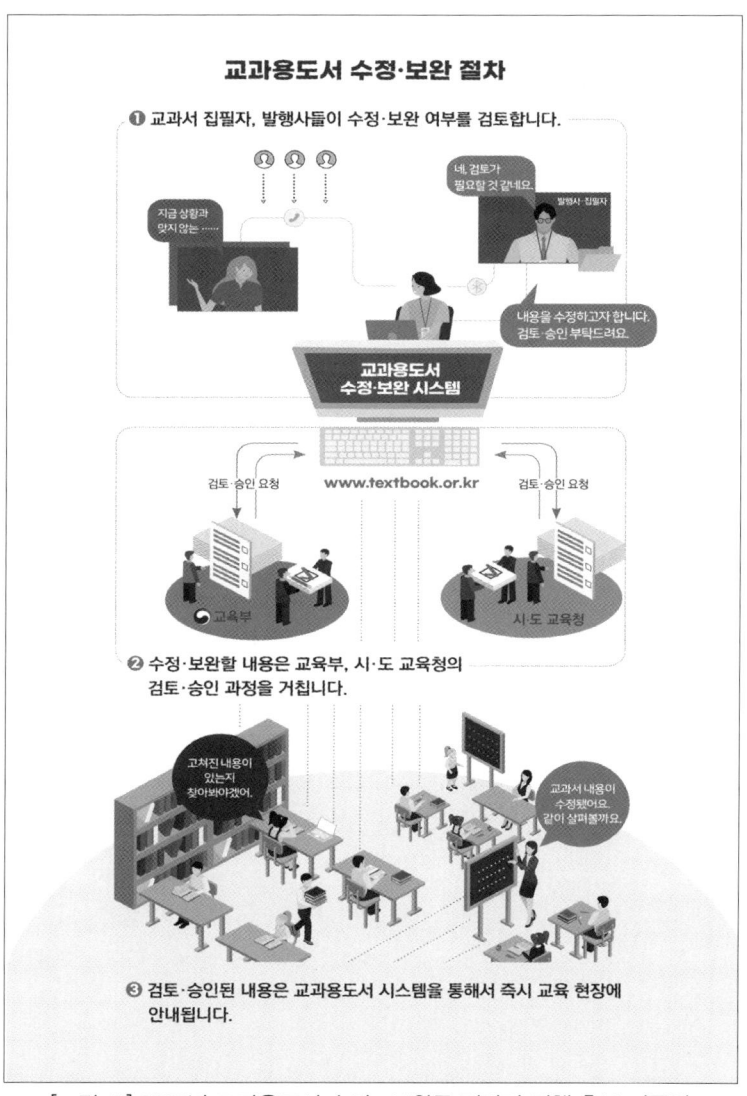

[그림 18] 2020년 교과용도서 수정·보완등 질관리 정책 홍보 리플릿
(교과용도서 수정·보완 온라인 시스템)

교육부는 특히 국정 교과용 도서 수정·보완에 관한 자세한 사항을 '국정 교과용 도서 수정·보완 지침(교육부지침 제3호, 2020.9.1.)'에 제시하고 있다. 이에 따르면 교과용 도서에 관해 수정·보완의 요구가 있거나 필요하다고 판단하는 경우, 집필한 자 또는 발행자의 의견 청취 절차를 거치도록 하고 있다. 교과용 도서의 수정의 종류에는 내용 수정, 단순 수정, 외형 수정이 있다. '내용 수정'은 문구·문장·통계·삽화·사진 등 기재된 내용을 교정·증감·변경 등으로 수정·보완하는 것이고, '단순 수정'은 교과용 도서에 기재된 내용에 영향을 미치지 않는 편집, 색 보정, 판권란 변경 등으로 수정·보완하는 것이다. 그리고 '외형 수정'은 용지, 쪽수, 색도, 판형, 후가공 등 외형체제를 수정·보완하는 것이다. 내용 수정 및 단순 수정은 신청에 의하거나 직권 수정을 할 수 있고 외형 수정의 경우 발행자가 수정·보완 대조표를 첨부하여 교육부 장관에게 승인을 신청한다. 국정 교과용 도서 수정·보완 흐름도는 [그림 19]와 같다.

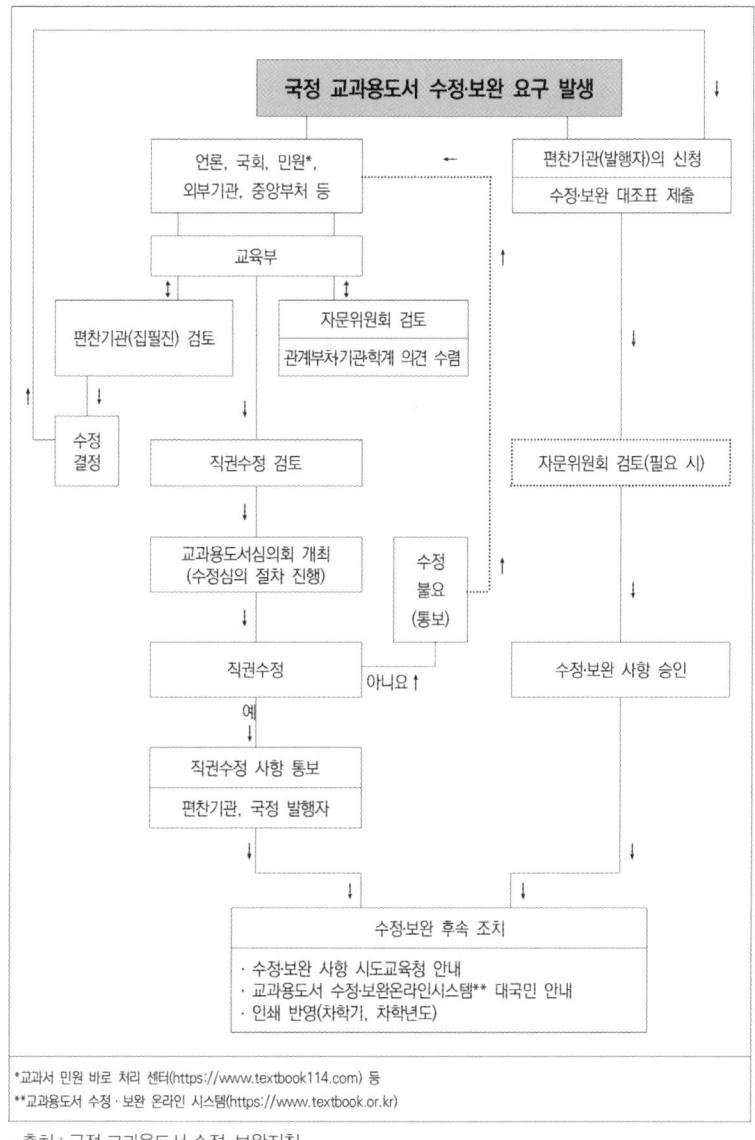

[그림 19] 국정 교과용도서 수정·보완 흐름도

2) 수정·보완에 참여하기

개인이 교과서의 수정·보완에 참여할 수 있는 방법은 크게 두 가지로 나누어 볼 수 있다. 교과서민원바로처리센터(https://www.textbook114.com)을 활용하는 것과 교과서 모니터링단 교사위원으로 활동하는 것이다. 먼저, 교과서민원바로처리센터를 통한 수정 요청 방법이다. 교과용 도서를 사용하다 문제점을 발견했을 경우 언제나 시스템에 접속하여 수정을 요청할 수 있다.

[그림 20] 교과서민원바로처리센터

다음으로는 교과서 모니터링단이다. 교과서 모니터링단 운영은 교과서 질 제고 및 만족도 향상, 교사의 전문성 반영을 통한 현장성 확보, 주기적인 모니터링 결과 반영으로 교과서 수시 수정·보완 체제 개선을 목적으로 한다. 주요 역할은 담당 교과(군) 교과서 모니터링을 실시 한 후 개인별 혹은 팀별로 결과 보고서를 제출하는 일이다. 모니터링단 위원으로 참여할 수 있는 자격 기준은 아래와 같다.

모니터링단 위원(교사) 자격 기준

■ **필수 조건**
- 5년 이상의 교육 경력이 있는 정교사
- 희망 교과의 모니터링 대상 교과용도서(2015개정 초등 5-6학년군 사회, 수학, 과학 검정도서 신간본) 중, 특정 발행사의 교과용도서에 직접 연구·집필·검토·심의·모니터링 등에 참여하지 않은 교사
  (예. 사회 5-6학년 A발행사 신간본 개발에 참여한 경우, A발행사 지원 불가. 단, A발행사 외 타 발행사 지원 가능)

■ **다음 선택 요건 중 1개 이상 충족하는 자**
- 희망 교과의 모니터링 대상 교과용도서 중, 특정 발행사의 교과용도서 외 연구·집필·검토·심의·모니터링 등 1개 이상 참여한 실적이 있는 교사
- 희망 교과의 교과 내용학 석사 학위 이상 소지자
- 희망 교과 교육 연구 활동이 우수한 교사
- 희망 교과의 교과용도서를 활용하여 수업을 하는 교사

교과서 모니터링단은 매년 모집을 하며 이에 참여하기 위해서 교사는 모니터링단 모집 기간에 교과서민원바로처리센터를 통해 개별적으로 신청하면 된다. 교과서 모니터링단으로 선정이 되면 아래의 모니터링 검토기준에 따라 교과서를 검토하고 그 결과를 제출하면 된다.

모니터링 검토기준

- **표현, 표기상의 오류**(오자, 탈자, 띄어쓰기, 표준어 사용, 용어 통일 등 단순 오류)
- **표현의 부정확성**(문장의 명료성, 어휘수준 고려, 추가 설명, 중복 내용 삭제)
- **삽화, 사진, 도표의 부적절성**(삽화(사진)교체, 지도 오류, 통계자료 업데이트)
- **내용적 오류, 논리성 결여**(내용오류, 편향성, 계열성 부족, 불필요한 활동)
- **교과서 내 인권·양성평등 분야 적정성 등**(성별·다문화·장애·노인·가족 내용 및 삽화(사진))

[참고문헌]

교육부(2018). 우리나라의 교과서 변천사. 세종: 교육부

교육부(2023). 2022 개정 교육과정에 따른 교과용도서 개발을 위한 편수자료Ⅰ. 편수 일반편. 세종: 교육부.

교육부, 한국과학창의재단(2023). 2022 개정 교육과정에 따른 수학·과학 검정도서 개발을 위한 편찬상의 유의점 및 검정 기준.

김경자, 온정덕(2011). 이해중심 교육과정. 서울: 교육아카데미.

김국현, 은지용, 박보람, 문경호, 이동욱(2016). 초등학교 교과용도서 개발 및 현장적합성 검토 방식 개선 연구. 세종: 교육부.

김다희(2019). 교과서 발행체제와 활용 실태 비교. 단국대학교 박사학위논문.

김명정(2012). 사회과 교과서 발행제도의 개선방안. 사회과교육, 51(4), 211-225.

김승훈(2010). 한국 교과서 검정제의 구조 및 쟁점 분석. 교육과정연구, 28(2), 177-204.

김진영, 이건재, 이혜영, 조난심(2010). 교과용도서 국·검·인정 구분 준거 및 절차에 관한 연구. (사)한국검정교과서 연구보고서 2010-2.

남수경, 김희경, 서승현, & 이기석. (2010). 국정도서 편찬제도의 문제점과 개선방안. 교육행정학연구, 28(4), 257-279.

박창언(2017). 현대교육과정학. 서울: 학지사.

박창언, 강현숙, 난윤제, 백선희, 이종원(2017). 교과용도서 발행체제 다양화 방안에 관한 연구. 한국교과서연구재단 연구보고 2017.

박창언(2020). 교육과정과 행정. 서울: 학지사.

박창언, 김진숙, 황현정, 김영은, 신서영, 이경진(2021). 국민 참여형 교육
　　　과정 개발을 위한 대국민 의견 수렴 및 분석 연구. 세종: 교육부.
서울대학교 교육연구소(1995). 교육학용어사전. 서울: 하우.
시도교육청 인정도서공동관리위원회(2018). 인정도서 업무 편람.
안종욱, 이용백, 김덕곤, 김광규, 임윤진, 정연준, 차경미(2020). 교과용
　　　도서 발행 체제의 재구조화 연구. 한국교육과정평가원 연구보고
　　　RRT2020-1.
양윤정, 이경언, 서지영, 김기철, 최성희, 임미경(2018). 교과서 자유발행제
　　　도입을 위한 기초 연구. 세종: 교육부
이경섭, 이홍우, 김순택(1983). 교육과정-이론·개발·관리-.
　　　서울: 교육과학사.
이광성(2017). 2015 개정 교육과정에 따른 초등사회 교과용도서 현장적합성
　　　검토에 관한 연구. 시민교육연구, 49(4), 89-115.
이용재(2009). 유럽의 교과서 발행 제도. 내일을 여는 역사, 35, 82-92.
장인실, 한혜정, 김인식, 강현석, 손민호, 최호성, 김평국, 이광우, 정영근,
　　　이흔정, 정미경, 허창수(2007). 교육과정. 서울: 학지사.
한국교과서연구재단, 충남대학교(2019). 인정도서 집필 길라잡이.
　　　서울: 한국교과서연구재단
홍후조, 조호제, 하화주, 민부자, 김대영, 장소영(2012). 교과서 개선 및
　　　교과서 제도 개선 정책 제안. 사단법인 한국검정교과서 연구보고
　　　2012-12.
priestley & drew(2016). Teachers as agents of curriculum change:
　　　closing the gap between purpose and practice. Paper presented
　　　at the European Conference for Educational Research.

〈자료집 및 공고문〉

교육부(2023). 2022 개정 교육과정 인정도서 시도교육청별 인정 실시 공고 현황 안내(2023.03.02.)

교육부, 한국과학창의재단(2023). 2022 개정 교육과정에 따른 2024년 수학·과학 교과용도서 검정 신청 설명회 자료집(2023.10.27.)

한국과학창의재단(2023). 2022 개정 교육과정에 따른 수학·과학 교과용 도서 검정 심사를 위한 심의위원 인력풀 신청 안내 공고문 (2023.3.30.)

〈사이트〉

www.ncic.go.kr/ 국가교육과정정보센터